3R
MATHÉMATIQUE

Cahier d'entraînement • 1er cycle du secondaire   TOME 1

PIERRETTE TRANQUILLE

3R
MATHÉMATIQUE

Trécarré

Collection élaborée et dirigée par Michel Brindamour
Édition : Miléna Stojanac
Révision linguistique : François Morin
Correction d'épreuves : Yvan Dupuis
Couverture et grille graphique : Chantal Boyer
Infographie et mise en pages : Mardigrafe

Remerciements

Les Éditions du Trécarré reconnaissent l'aide financière du gouvernement du Canada par l'entremise du Programme d'aide au développement de l'industrie de l'édition (PADIÉ) pour ses activités d'édition.

Tous droits de traduction et d'adaptation réservés ; toute reproduction d'un extrait quelconque de ce livre par quelque procédé que ce soit, et notamment par photocopie ou microfilm, est strictement interdite sans l'autorisation écrite de l'éditeur.

© Les Éditions du Trécarré, 2008

Les Éditions du Trécarré
Groupe Librex inc.
Une compagnie de Quebecor Media
La Tourelle
1055, boul. René-Lévesque Est
Bureau 800
Montréal (Québec) H2L 4S5
Tél. : 514 849-5259
Téléc. : 514 849-1388

Dépôt légal – Bibliothèque et Archives nationales du Québec
et Bibliothèque et Archives Canada, 2008

ISBN : 978-2-89568-369-8

Distribution au Canada
Messageries ADP
2315, rue de la Province
Longueuil (Québec) J4G 1G4
Téléphone : 450 640-1234
Sans frais : 1 800 771-3022

Diffusion hors Canada
Interforum

Un premier mot

Dans le nouveau programme de mathématique du secondaire, on demande aux élèves de résoudre des problèmes plus ou moins semblables à ceux qui se présentent dans la vie courante. Pour ce faire, ils ont à leur disposition une boîte à outils et ils doivent savoir s'en servir.

Y a-t-il 6 centaines ou 786 centaines dans le nombre 78 621 ? Combien de nombres peuvent-ils être arrondis à 400 ? Comment doit-on résoudre une chaîne d'opérations ? Combien y a-t-il de kilomètres dans 12 500 hectomètres ? Comment appelle-t-on une figure géométrique formée par deux demi-droites issues d'un même point ? Toutes ces questions et beaucoup d'autres sur le contenu de la boîte à outils trouveront ici réponse. Mais il y a plus…

Tout comme l'archer acquiert la compréhension de son mouvement de tir à travers une pratique des mêmes gestes cent fois recommencés, l'élève ne maîtrise totalement les mathématiques qu'à travers une application répétée. Attention ! Nous ne parlons pas d'une répétition bête et machinale, mais de cette répétition éclairante qui développe chez l'élève le *réflexe sûr*.

Ces ouvrages ont été conçus autant pour faire comprendre que pour faire apprendre. Ainsi, dans tous les cahiers, chaque notion du programme du 1er cycle est expliquée dans un langage concis, clair et simple.

Que vous soyez un étudiant du secondaire ou un étudiant du collégial qui veut se rafraîchir la mémoire, que vous soyez un enseignant qui fait réviser ses élèves ou un parent désireux d'accompagner son enfant, cette collection centrée sur l'entraînement s'adresse à vous. Vous y trouverez, nous l'espérons, une aide précieuse.

Michel Brindamour, directeur de la collection

SOMMAIRE

NOMBRES NATURELS 8

Système de numération 8
Règle de lecture et d'écriture des nombres 9
Forme développée d'un nombre 10
Arrondissement d'un nombre 11
Addition et soustraction de nombres naturels 12
Multiplication de nombres naturels 13
Division de nombres naturels 15
Terme manquant 17
Chaînes d'opérations (les quatre opérations) 19
Problèmes (les quatre opérations) 22
Règles de divisibilité 24
Diviseurs d'un nombre 25
Factorisation première 26
Plus grand commun diviseur (PGCD) 28
Multiples d'un nombre et PPCM 30
Problèmes (le PGCD et le PPCM) 32
Puissance d'un nombre 33
Puissances de 10 34
Chaînes d'opérations (les exposants) 35
Problèmes (les exposants) 36

NOMBRES ENTIERS 37

Nombres entiers 37
Ordre et comparaison 38
Addition de nombres entiers 39
Soustraction de nombres entiers 40
Multiplication et division de nombres entiers 41
Puissance d'un entier négatif 43
Chaînes d'opérations (puissances d'entiers négatifs) 44
Problèmes (les entiers négatifs) 45
Plan cartésien 46
Suites de nombres 48
Modes de représentation d'une suite 49
Règle d'une suite 51
Résolution d'équations 54

FRACTIONS 55

Fractions 55
Nombres fractionnaires 56
Fractions équivalentes 57
Réduction de fractions 58
Ordre et comparaison de fractions 59
Puissance d'une fraction 62
Addition et soustraction de fractions 63
Multiplication de fractions 65
Division de fractions 66
Problèmes (les fractions) 68
Nombres décimaux 70
Notation décimale 70
Nombre décimal et fraction décimale 71

Nombre décimal et droite numérique 73
Ordre et comparaison de nombres décimaux 74
Arrondissement d'un nombre décimal 75
Addition et soustraction de nombres décimaux 76
Multiplication de nombres décimaux 77
Division de nombres décimaux 78
Problèmes (les nombres décimaux) 81

POURCENTAGE   82

Pourcentage 82
Pourcentage d'un nombre 84
Fraction, nombre décimal et pourcentage 85
Réductions de prix et taxes 87
Problèmes (pourcentage) 89

PROBABILITÉ   90

Expérience aléatoire 90
Événement 91
Probabilité d'un événement 92
Expériences à plusieurs étapes 95

GÉOMÉTRIE   100

Angles 100
Angles adjacents 103
Angles opposés par le sommet 104
Angles complémentaires et supplémentaires 105
Angles formés par des parallèles et une sécante 106
Bissectrice 108
Droites parallèles 110
Droites perpendiculaires 112
Polygones 114
Triangles 116
Les lignes remarquables dans un triangle :
la médiane, la médiatrice et la hauteur 118
Construction d'une médiatrice 120
Construction de triangles 121
Quadrilatères 123
Périmètre 128
Système international d'unités (SI) 129
Somme des mesures des angles intérieurs d'un polygone 131
Angles extérieurs d'un polygone convexe 133
Construction de polygones 134
Translation 136
Réflexion 139
Rotation 141

STATISTIQUE   143

Statistique 143
Tableau de distribution 145
Moyenne 146
Diagramme à bandes 148
Diagramme à ligne brisée 150

NOMBRES NATURELS

Système de numération

Notre système de numération est fondé sur la **base 10**, ce qui signifie qu'il faut réunir 10 éléments pour former un groupement d'un ordre supérieur.

C'est ce qui explique qu'on utilise toujours les mêmes chiffres, de 0 à 9, mais à des **positions** différentes qui ont chacune leur valeur. Chaque chiffre multiplie la valeur de la position qu'il occupe.

Chiffre ou nombre?

Les **chiffres** sont des symboles que nous utilisons pour écrire les nombres.
Il y en a 10 : 0, 1, 2, 3, 4, 5, 6, 7, 8 et 9.

Les **nombres** sont écrits à l'aide de chiffres et expriment des quantités.

---

1. **Ajoute 1 unité à chacun de ces nombres.**
   a) 3 909 : _____ b) 9 999 : _____ c) 29 999 : _____
   d) 15 909 : _____ e) 20 999 : _____ f) 109 999 : _____

2. **Enlève 1 unité à chacun de ces nombres.**
   a) 30 100 : _____ b) 200 000 : _____ c) 435 010 : _____
   d) 101 000 : _____ e) 490 090 : _____ f) 1 000 000 : _____

3. **Quelle position le 4 occupe-t-il dans chacun de ces nombres ?**
   a) 4 397 871 : _____ b) 81 340 000 : _____
   c) 13 405 987 : _____ d) 47 186 390 : _____

4. **Quelle est la valeur du 7 dans chacun de ces nombres ?**
   a) 34 790 : _____ b) 7 483 409 : _____
   c) 78 621 : _____ d) 3 724 995 : _____

5. **Écris le plus grand nombre impair contenant 6 chiffres différents.** _____

6. **Écris le plus petit nombre pair contenant 5 chiffres différents.** _____

Règles de lecture et d'écriture des nombres

▶ Les nombres se lisent et s'écrivent par tranches de 3 chiffres séparées par un espace. Chaque position doit être occupée par un chiffre (de 0 à 9).

▶ L'écriture des nombres en lettres suit les règles suivantes :
– les nombres inférieurs à 100 sont séparés par un trait d'union, excepté s'ils contiennent le coordonnant « et » ;
exemple : mille cent quatre-vingt-dix, trois cent trente et un ;
– « vingt » et « cent » s'écrivent avec un *s* s'ils sont multipliés et s'il ne sont pas suivis d'un autre nombre ;
exemple : trois cents, trois cent deux, quatre-vingts, quatre-vingt-un ;
– le mot « mille », dans les nombres, ne prend jamais de *s* ;
– les mots « million » et « milliard » sont des noms et prennent donc un *s* au pluriel.

1. **Indique combien de chiffres sont nécessaires pour écrire chacun de ces nombres.**
   a) quatre millions quarante : _____
   b) trois cent quatre-vingt-dix-neuf mille : _____
   c) quarante millions trois cents : _____
   d) quatre-vingt-dix-huit mille deux cents : _____

2. **Écris ces nombres à l'aide de chiffres.**
   a) quarante-huit mille trente : _____
   b) neuf cent trente mille quatre cents : _____
   c) neuf millions quatre mille trois : _____
   d) dix milliards trois millions : _____

3. **Écris en lettres chacun de ces nombres.**
   a) 2 060 249 : _____
   b) 479 000 : _____
   c) 13 095 000 : _____
   d) 313 400 048 : _____
   e) 4 081 003 400 : _____
   f) 83 000 080 : _____

Forme développée d'un nombre

▶ Chaque position a une valeur.
  Exemple : la position des dizaines vaut 10.
▶ Un chiffre multiplie la valeur de la position qu'il occupe. Ainsi, un 4 à la position des dizaines vaut 4 × 10, donc 40.
▶ Les valeurs des chiffres s'additionnent pour donner la valeur totale du nombre.
  Exemple : 3 692 = 3 × 1 000 + 6 × 100 + 9 × 10 + 2 × 1
▶ Il y a plusieurs façons de décomposer un nombre.
  Exemple : 3 986 = 3 × 1 000 + 9 × 100 + 8 × 10 + 6 × 1
  3 986 = 39 × 100 + 8 × 10 + 6 × 1
  3 986 = 39 × 100 + 86 × 1
  3 986 = 398 × 10 + 6 × 1

1. **Décompose le nombre 3 040 039 de trois façons différentes.**
   3 040 039 : _____
   3 040 039 : _____
   3 040 039 : _____

2. **Quel nombre est représenté par chacune des décompositions suivantes ?**
   a) 4 × 100 000 + 3 × 1 000 + 6 × 10 =   _____
   b) 65 × 100 000 + 280 × 10 + 4 × 1 =   _____
   c) 33 × 1 000 + 33 × 100 + 33 × 10 + 33 × 1 = _____

3. a) Combien d'unités de mille sont contenues dans 1 milliard ? _____
   b) Combien de fois 1 milliard est-il plus grand qu'un million ? _____
   c) Combien y a-t-il de centaines dans un million ? _____

4. **Parmi les nombres suivants :**
   1 555   5 055   50 550   555 055   55 505
   lequel contient :
   a) 50 centaines? _____ b) 505 centaines? _____
   c) 155 dizaines? _____ d) 555 centaines? _____

Arrondissement d'un nombre

▶ Pour arrondir un nombre, on procède comme suit :
  1) on souligne d'abord la position à laquelle on veut arrondir ;
  2) on considère le chiffre placé à droite de cette position ;

si ce chiffre est 4, 3, 2, 1 ou 0, on remplace tous les chiffres situés à droite par des zéros ;

si ce chiffre est 5, 6, 7, 8 ou 9, on ajoute 1 à la position soulignée et on remplace par des zéros tous les chiffres situés à droite.

Exemple :
Arrondi à la centaine près, 4 662 devient 4 700, car il est plus près de 4 700 que de 4 600.

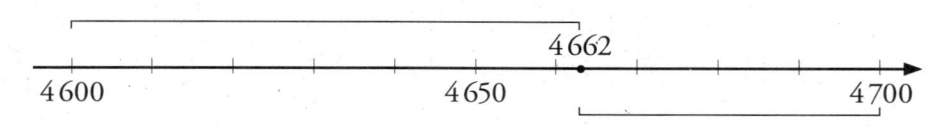

```
4600            4650      4662        4700
```

1. Arrondis chaque nombre aux positions indiquées.

	à la dizaine près	à la centaine près	au millier près	à la dizaine de mille près
a) 245 386				
b) 809 075				
c) 753 242				

2. Écris tous les nombres qui peuvent être arrondis à 60.
   _____

3. a) Combien de nombres peuvent être arrondis à 400 ? _____
   b) Quel est le plus petit de ces nombres ? _____
   c) Quel est le plus grand ? _____

4. Estime le résultat des opérations suivantes en arrondissant les termes à leur plus grande position.
   a) 598 + 3 141 + 34 393 = _____   b) 37 845 − 19 510 = _____
   c) 748 + 692 + 448 = _____   d) 102 314 − 79 684 = _____

Addition et soustraction de nombres naturels

▶ L'ensemble des nombres naturels est symbolisé par ℕ.
Il se compose des éléments suivants : 0, 1, 2, 3, 4, …

▶ Pour additionner ou soustraire deux nombres, il faut bien les aligner, afin que les opérations portent vraiment sur les chiffres occupant une même position.

▶ Les propriétés de l'addition :
– l'associativité : (2 + 4) + 3 = 6 + 3 = 9; 2 + (4 + 3) = 2 + 7 = 9
– la commutativité : 5 + 3 = 8; 3 + 5 = 8
– l'élément neutre : l'élément neutre de l'addition est 0 car, additionné à un nombre, il ne change pas ce nombre.
Exemple : 5 + 0 = 5

1. **Trouve les termes qui manquent dans ces opérations.**

   a) 6 ☐ 8
      + 2 5 ☐
      ─────────
        ☐ 3 8

   b) ☐ 4 ☐
      + 2 5 4
      ─────────
        7 ☐ 3

   c) 5 9 ☐ 4
      + 1 6 6 ☐
      ─────────
        ☐ ☐ 9 2

   d) ☐ 4 ☐
      − 2 ☐ 6
      ─────────
        2 6 8

   e) 9 ☐ 2
      − ☐ 2 ☐
      ─────────
        4 3 5

   f) ☐ ☐ 1 9
      − 1 9 ☐ ☐
      ─────────
        6 5 7 2

2. **Trouve les sommes et les différences.**
   a) 15 006 + 389 + 4 789 = _____
   b) 50 000 − 46 386 = _____
   c) 303 + 4 559 + 17 + 7 009 = _____
   d) 101 002 − 98 540 = _____

3. **Utilise l'associativité de l'addition pour trouver plus facilement les sommes.**
   Exemple : 19 + 12 + 1 + 8 = 20 + 20 = 40; 50 + 32 + 50 = 100 + 32 = 132
   a) 30 + 45 + 20 = _____
   b) 48 + 62 + 8 = _____
   c) 60 + 54 + 40 + 6 = _____
   d) 340 + 60 + 150 + 50 = _____

Multiplication de nombres naturels

▶ Les propriétés de la multiplication :
- l'associativité : $(5 \times 4) \times 3 = 5 \times (4 \times 3)$
- la commutativité : $3 \times 8 = 8 \times 3$
- l'élément neutre 1 : $3\,789 \times 1 = 3\,789$
- l'élément absorbant : $3\,789 \times 0 = 0$
- la distributivité sur l'addition et la soustraction :
  $5 \times (2 + 6) = 5 \times 2 + 5 \times 6 = 40$
  $5 \times (10 - 6) = 5 \times 10 - 5 \times 6 = 20$

▶ Pour multiplier par 10, 100 ou 1 000, il suffit d'ajouter un, deux ou trois zéros au 1er terme.
$25 \times 10 = 250 \qquad 25 \times 100 = 2\,500 \qquad 25 \times 1\,000 = 25\,000$

▶ Pour multiplier des nombres arrondis, on multiplie d'abord les entiers non nuls, puis on ajoute le nombre de zéros contenus dans les facteurs.

Exemple :
$\underline{3}0 \times \underline{4}00 = \underline{12}\,000$

---

1. Trouve les chiffres qui manquent dans ces opérations.

a)
```
   ☐ 6 8
 ×     ☐
 ─────────
   8 ☐ 4
```

b)
```
   ☐ 4 ☐
 ×     6
 ─────────
   2 0 ☐ 4
```

c)
```
   ☐ 6 8 ☐
 ×       5
 ─────────
   8 ☐ ☐ 0
```

2. Dis quelle propriété de la multiplication est appliquée pour faciliter les calculs.

a) $300 \times 4\,687 \times 0 \times 13\,578 = 0$

_____

b) $5 \times (12 \times 10) \times 10 = (5 \times 12) \times (10 \times 10) = 60 \times 100 = 6\,000$

_____

c) $315 \times 6 = (6 \times 300) + (6 \times 10) + (6 \times 5) = 1\,800 + 60 + 30 = 1\,890$

_____

d) $98 \times 5 = (100 - 2) \times 5 = (5 \times 100) - (5 \times 2) = 500 - 10 = 490$

_____

3. **Applique la distributivité de la multiplication sur l'addition pour effectuer mentalement les calculs suivants.**
   Exemple : 24 × 4 = (20 × 4) + (4 × 4) = 80 + 16 = 96

   a) 31 × 5 = _____
   b) 27 × 3 = _____
   c) 36 × 4 = _____
   d) 47 × 3 = _____
   e) 28 × 4 = _____
   f) 58 × 3 = _____
   g) 65 × 4 = _____
   h) 18 × 6 = _____
   i) 45 × 5 = _____
   j) 46 × 5 = _____

4. **Trouve les produits.**

   a) 489 × 17
   b) 1 648 × 38
   c) 3 099 × 80
   d) 16 578 × 92

   e) 13 259 × 77
   f) 25 401 × 50
   g) 38 975 × 47
   h) 56 789 × 69

   i) 345 × 234
   j) 487 × 120
   k) 957 × 415
   l) 802 × 600

5. **Trouve les produits.**

   a) 300 × 50 = _____
   b) 400 × 300 = _____
   c) 90 × 80 = _____

   d) 1 400 × 20 = _____
   e) 500 × 50 = _____
   f) 600 × 30 = _____

   g) 20 × 30 × 20 = _____
   h) 50 × 20 × 30 = _____
   i) 90 × 10 × 40 = _____

   j) 2 000 × 5 × 20 = _____
   k) 70 × 30 × 20 = _____
   l) 100 × 15 × 20 = _____

   m) 60 × 2 × 20 = _____
   n) 50 × 50 × 50 = _____
   o) 25 × 20 × 50 = _____

Division de nombres naturels

▶ Pour diviser par un nombre à 2 chiffres, il est utile d'estimer la réponse en arrondissant.

Exemple :
Pour trouver combien de fois 75 est contenu dans 3 120, on peut arrondir et se demander combien de fois 80 est contenu dans 3 200.

▶ Pour diviser par 10, 100 ou 1 000, il suffit d'enlever un, deux ou trois zéros au dividende.

25 000 ÷ 10 = 2 500   25 000 ÷ 100 = 250   25 000 ÷ 1 000 = 25

▶ Pour diviser des nombres arrondis, on enlève d'abord les zéros qui apparaissent à la fois au dividende et au diviseur, puis on divise ce qui reste.

Exemple :
6 0̶0̶0 ÷ 3 0̶0̶ = 60 ÷ 3 = 20

On peut aussi dégager la partie du dividende qui contient exactement le diviseur, puis ajouter les zéros qui restent.

Exemple : 100 000 ÷ 25 = 4 000

---

1. Combien de chiffres y aura-t-il à la partie entière du quotient ?

a) 7 348 ÷ 35 _____   b) 16 425 ÷ 4 _____   c) 10 088 ÷ 2 _____

d) 56 789 ÷ 79 _____   e) 30 000 ÷ 130 _____   f) 6 089 ÷ 2 000 _____

2. Trouve les quotients avec une précision de 2 chiffres après la virgule.

a) 6 0905 | 9   b) 5 816 | 15   c) 9 018 | 56

d) 8 392 |70   e) 67 633 |33   f) 17 000 |69

3. Effectue mentalement les opérations suivantes.

a) 48 000 ÷ 100 = _____   b) 50 000 ÷ 25 = _____

c) 16 000 ÷ 400 = _____   d) 1 200 ÷ 40 = _____

e) 100 000 ÷ 500 = _____   f) 100 000 ÷ 5 000 = _____

g) 4 800 ÷ (20 × 20) = _____   h) 25 000 ÷ (100 × 10) = _____

i) 90 000 ÷ 30 = _____   j) 6 000 ÷ (30 × 20) = _____

Terme manquant

▶ Pour trouver un terme manquant dans une addition, il faut effectuer l'opération inverse, soit une soustraction.

Exemple :
$295 + a = 500;\quad 500 - 295 = a$

▶ Pour trouver le premier terme d'une soustraction, il faut effectuer une addition.

Exemple :
$a - 456 = 237;\quad 456 + 237 = a$

▶ Pour trouver le deuxième terme d'une soustraction, il faut effectuer une soustraction.

Exemple :
$879 - a = 540;\quad 879 - 540 = a$

▶ Pour trouver l'un des facteurs d'une multiplication, il faut effectuer une division.

Exemple :
$45 \times a = 1\,710;\quad 1\,710 \div 45 = 1\,710 \div 38 = a$

▶ Dans une division, pour retrouver le diviseur, il faut effectuer une division.

Exemple :
$2\,852 \div 92 = a;\quad a = 2\,852 \div 92$

▶ Dans une division, pour retrouver le dividende, il faut effectuer une multiplication.

Exemple :
$92 \div 31 = a;\quad a = 92 \times 31$

---

1. Détermine la valeur de l'inconnue dans les opérations suivantes.

a) $3 \times z \times 4 = 120$

$z =$

b) $5 \times 5 \times z = 125$

$z =$

c) $z \times 20 \times 10 = 400$

$z =$

d) $6 \times z \times 20 = 360$

$z =$

_____

e) $30 \times 3 \times z = 270$

$z =$

_____

f) $z \times 5 \times 25 = 12\,500$

$z =$

_____

2. Détermine la valeur de l'inconnue dans les opérations suivantes.

a) $598 + a = 2\,025$

$a =$

_____

b) $a + 3\,686 = 9\,581$

$a =$

_____

c) $1\,042 - a = 398$

$a =$

_____

d) $a - 8\,012 = 11\,697$

$a =$

_____

e) $a + 1\,691 = 2\,000$

$a =$

_____

f) $a - 3\,467 = 4\,589$

$a =$

_____

3. Détermine la valeur de l'inconnue dans les opérations suivantes.

a) $53 \times n = 1\,802$

$n =$

_____

b) $n \div 45 = 38$

$n =$

_____

c) $n \times 75 = 2\,625$

$n =$

_____

d) $1\,029 \div n = 21$

$n =$

_____

e) $n \div 30 = 750$

$n =$

_____

f) $152 \times n = 1\,672$

$n =$

_____

Chaînes d'opérations (les quatre opérations)

▶ Dans une chaîne d'opérations qui contient des parenthèses, des crochets ou des accolades, on effectue les opérations dans l'ordre suivant :

1) les opérations contenues dans les parenthèses, les crochets ou les accolades, en commençant par l'intérieur ;
2) les multiplications et les divisions dans l'ordre où elles apparaissent ;
3) les additions et les soustractions dans l'ordre où elles apparaissent.

▶ Il est important de procéder avec méthode.

Exemple :

$$4 \times 5 \div (2 + 3) \times (20 \div 5) =$$
$$4 \times 5 \div 5 \times 4 =$$
$$20 \div 5 \times 4 =$$
$$4 \times 4 = 16$$

Calcule la valeur des chaînes d'opérations suivantes.

1. a) $36 \div 3 \times 4 =$ b) $80 \div 5 \div 4 =$ c) $5 + 7 \times 8 =$

d) $56 + (24 - 16) =$ e) $25 - 24 \div 6 =$ f) $42 \div 7 + 7 =$

g) $15 - 18 \div 3 + 4 =$ h) $8 - (16 - 9) =$ i) $32 - 5 \times 2 \div 5 =$

2. a) $3 \times (12 - 7) \times 3 =$ b) $8 + 6 \times (8 - 5) =$

c) $6 + (16 - 2 \times 4) =$ d) $4 \times (12 - 8) - 24 \div 8 =$

e) $(7 + 5) \times 3 - 18 \div 3 \times 2 =$ f) $3 + 5 \times (9 - 6) \div 5 =$

g) $(9 + 3 \times 2) \div 5 \div 3 =$ h) $(4 + 7) \times 9 \div (5 + 6) =$

i) $35 \div (10 - 3) + 3 \times 6 \div 9 =$ j) $8 + 3 \times (12 - 8 - 2) - (5 - 2 \times 2) =$

3. a) $[18 - (9 - 5) \times 3] \div 2 =$ b) $[(3 + 5) \times 4 - 7] \div (9 - 4) =$

c) $9 + [9 \times (9 - 8)] \div 9 =$ d) $36 - 9 \times (6 - 5) \div (4 - 3) =$

e) $8 + [5 + 3 \times 9 - (12 - 4 \times 0)] =$ f) $48 \div [4 + 2 \times (6 - 4)] =$

g) $6 \times 7 + [7 \times 2 - (9 - 6 \times 1)] =$ h) $9 + 2 \times [9 - 7 \times (10 - 9)] =$

i) $(4 \times 6 - 8) \times (18 - 2 \times 7) =$ j) $[9 - 2 \times (6 - 2)] \times [22 - (2 \times (13 - 2)] =$

Problèmes (les quatre opérations)

Pour chacun des problèmes suivants, écris la chaîne d'opérations qui convient, puis effectue les calculs qui permettent de trouver la solution.

1. Un libraire paye 400 $ 4 douzaines de romans. S'il les revend 12 $ chacun, quel sera son profit ?

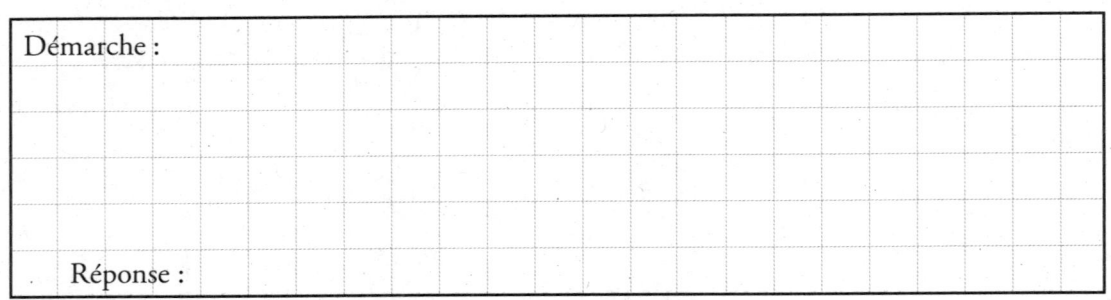

   Démarche :

   Réponse :

2. Un jeune travailleur gagne 500 $ par semaine. Dans son budget, il prévoit consacrer 100 $ par semaine à l'achat de sa nourriture, 250 $ toutes les 2 semaines à des dépenses diverses et 650 $ par mois à son loyer. S'il respecte son budget et qu'il dépose à la banque l'argent non dépensé, combien peut-il espérer économiser en un an ?

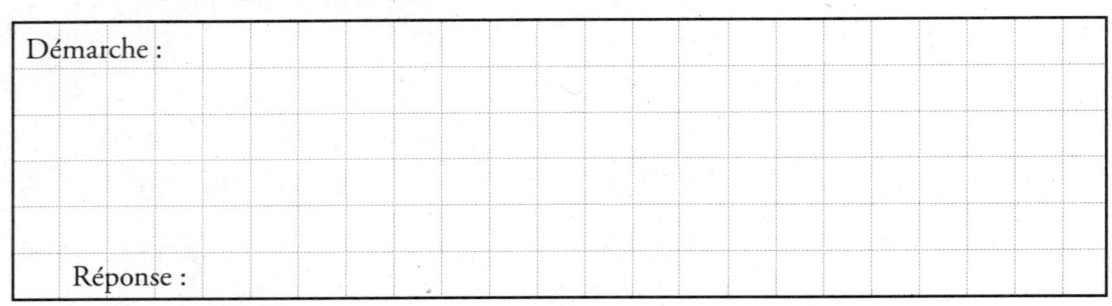

   Démarche :

   Réponse :

3. Un antiquaire achète un lot de 15 chaises pour une somme de 115 $ et 3 vieilles tables qui coûtent chacune 35 $. Après les avoir restaurées, il revend chaque chaise 50 $ et chaque table 150 $. Quel profit réalise-t-il si, pour accomplir son travail, il a dû débourser 75 $ pour l'achat de produits divers ?

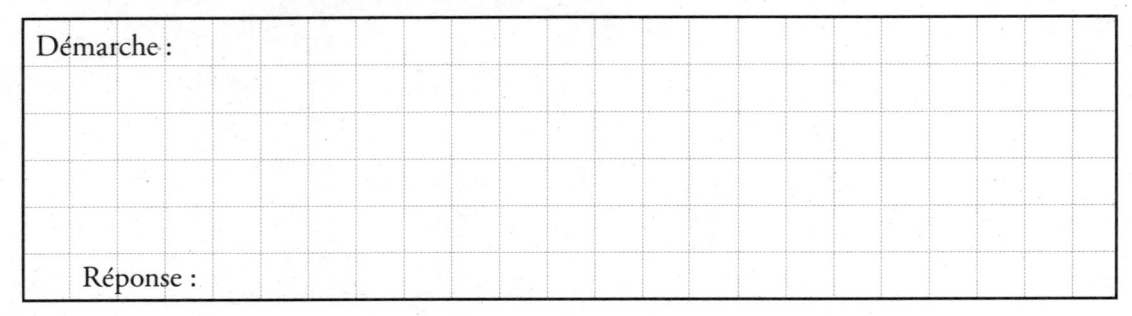

   Démarche :

   Réponse :

4. Pour l'Halloween, mon père prépare des sacs de friandises. Il a à sa disposition 2 sacs de 50 sucettes, 3 sacs de 36 caramels, 96 gommes à mâcher enveloppées individuellement et 4 douzaines de tablettes de chocolat. Si chaque sac contient 8 friandises, combien aura-t-il de sacs à offrir aux enfants ?

Démarche :

Réponse :

5. Jules veut calculer la moyenne de ses 5 derniers examens de mathématique. Dans le premier examen, il a obtenu une note de 80 % ; dans le deuxième, 5 points de moins que dans le premier ; dans le troisième, 10 points de plus que dans le deuxième ; dans le quatrième, une note égale à celle du premier examen ; et, finalement, dans le cinquième, une note record de 95 %. Examine ses calculs et dis si sa chaîne d'opérations est exacte. Explique ta réponse.

$80 + 80 - 5 + 75 + 10 + 80 + 95 \div 5 = m$

7. Au mois de juin, Thierry emprunte à son père la somme nécessaire pour acheter les vêtements suivants : 2 pantalons à 30 $ chacun, 4 pulls à 2 pour 25 $ et une paire de chaussures de sport à 120 $. Il prévoit de lui remettre cette somme grâce à son travail d'été, à raison de 25 $ par semaine. Combien de temps lui faudra-t-il pour régler sa dette ?

Démarche :

Réponse :

Nombres naturels / **23**

Règles de divisibilité

Pour savoir si un nombre est divisible par 2, par 5 ou par 10, on observe le chiffre des unités :

– si ce chiffre est 0, 2, 4, 6 ou 8, le nombre est divisible par 2 ;

– si ce chiffre est 0 ou 5, le nombre est divisible par 5 ;

– si ce chiffre est 0, le nombre est divisible par 10.

Pour savoir si le nombre est divisible par 4, par 25 ou par 100, on observe les deux derniers chiffres :

– si ces deux chiffres sont divisibles par 4, le nombre est divisible par 4 ;

– si ces deux derniers chiffres sont 00, 25, 50 ou 75, le nombre peut se diviser par 25 ;

– si ces deux derniers chiffres sont 00, le nombre se divise par 100.

Pour vérifier si le nombre est divisible par 3 ou par 9, on calcule la somme des chiffres qui le composent :

– si la somme des chiffres est divisible par 3, le nombre se divise par 3 ;

– si la somme des chiffres est divisible par 9, le nombre se divise par 9.

On sait qu'un nombre est divisible par 6 s'il est divisible à la fois par 2 et par 3.

1. Encercle les nombres divisibles par 2 et par 3.

   a) 4 636   b) 18 498   c) 5 347   d) 20 598   e) 346 488

   f) 250 370   g) 1 000 002   h) 2 587 346   i) 8 456 368   j) 9 876 543

2. Encercle les nombres divisibles par 3 et par 5.

   a) 8 440   b) 6 555   c) 14 870   d) 21 490   e) 67 845

   f) 876 980   g) 457 345   h) 331 455   i) 3 645 760   j) 8 786 550

3. Dans une école, on organise des compétitions régionales. On attend 15 648 participants. Pourra-t-on former des équipes de :

   a) 2 ? _____ b) 3 ? _____ c) 4 ? _____ d) 5 ? _____

   e) 6 ? _____ f) 8 ? _____ g) 9 ? _____ h) 10 ? _____

Diviseurs d'un nombre

▶ Les **diviseurs** d'un nombre sont les nombres naturels qui peuvent le diviser sans reste. Connaître les diviseurs des nombres facilite le calcul et la réduction de fractions.

▶ Un nombre **premier** n'a que 2 diviseurs : 1 et lui-même. Le nombre 1 n'est pas premier puisqu'il n'a qu'un diviseur. Deux est le seul nombre pair premier.

Un nombre qui a plus de 2 diviseurs est un nombre **composé**. Le nombre 1 n'est pas un nombre composé, puisqu'il n'a qu'un diviseur.

▶ Les nombres pairs ont tous le nombre 2 pour diviseur.

▶ Le nombre 0 peut être divisé par n'importe quel nombre, mais il ne peut être un diviseur.

1. **Écris les diviseurs de :**
   a) 48 : _____
   b) 54 : _____
   c) 68 : _____
   d) 84 : _____
   e) 100 : _____

2. **Place les nombres suivants à l'endroit approprié dans ce diagramme de Venn.**
   1, 15, 3, 12, 4, 7, 6, 2, 72, 24, 18, 8, 36, 48, 32, 9, 16, 96

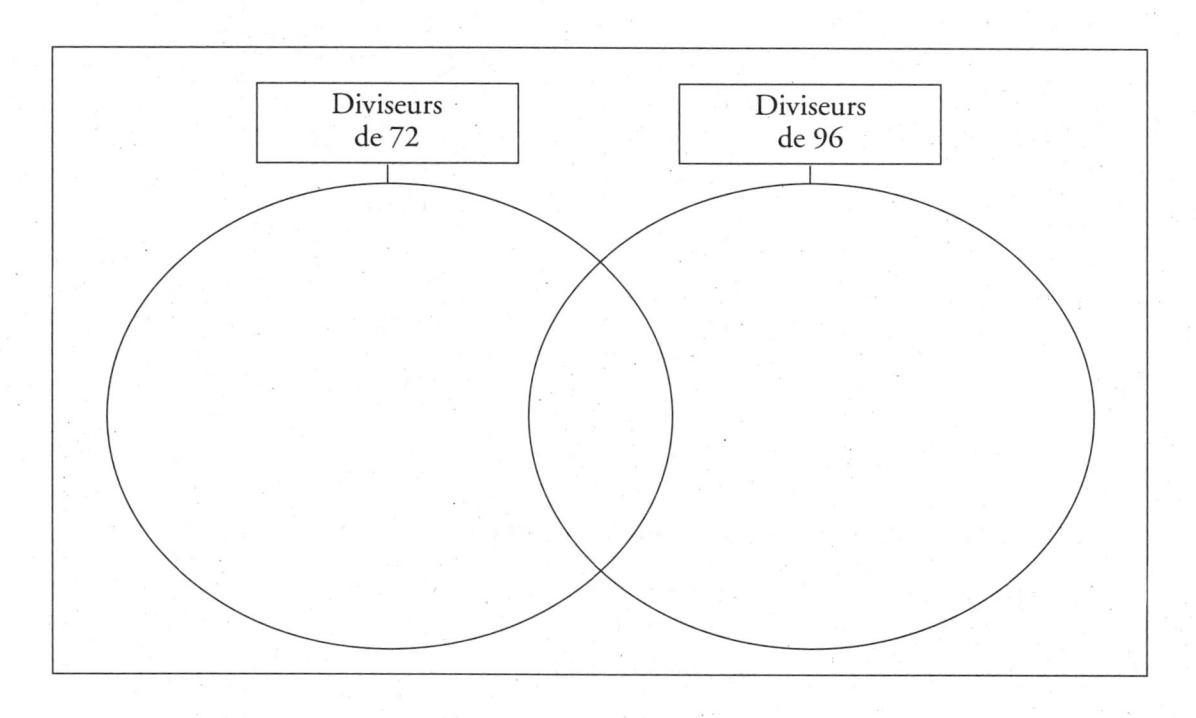

   Diviseurs de 72 | Diviseurs de 96

Factorisation première

▶ **Factoriser** un nombre, c'est l'exprimer sous la forme d'une multiplication de 2 facteurs ou plus.

Exemple :
4×9, 3×12 et $2 \times 3 \times 6$ sont des factorisations du nombre 36.

▶ Effectuer la **factorisation première** d'un nombre, c'est exprimer ce nombre sous la forme d'une multiplication de facteurs premiers.

▶ Méthode : Diviser le nombre à factoriser par le plus petit nombre premier possible et poursuivre ainsi jusqu'à ce qu'on obtienne 1 comme résultat.

Exemples :

8	2
4	2
2	2
1	

18	2
9	3
3	3
1	

96	2
48	2
24	2
12	2
6	2
3	3
1	

$8 = 2 \times 2 \times 2$ $18 = 2 \times 3 \times 3$ $96 = 2 \times 2 \times 2 \times 2 \times 2 \times 3$

144	2
72	2
36	2
18	2
9	3
3	3
1	

2050	2
1025	5
205	5
41	41
1	

$144 = 2 \times 2 \times 2 \times 2 \times 3 \times 3$ $2050 = 2 \times 5 \times 5 \times 41$

1. Quels sont les nombres premiers inférieurs à 100 ?

_____

2. Effectue les factorisations premières des nombres suivants.

a) 30

b) 70

c) 85

d) 160

30 = _____ 70 = _____ 85 = _____ 160 = _____

e) 375

f) 500

g) 625

h) 1 000

375 = _____ 500 = _____ 625 = _____ 1 000 = _____

i) 2 340

j) 4 080

k) 3 000

l) 1 225

2 340 = _____ 4 080 = _____ 3 000 = _____ 1 225 = _____

Plus grand commun diviseur (PGCD)

▶ Le **PGCD** est le plus grand nombre qui peut diviser 2 nombres ou plus. On l'utilise, par exemple, pour réduire des fractions.

Exemple :
7 est le PGCD de 35 et 49 ; $\frac{35 \div 7}{49 \div 7} = \frac{5}{9}$

▶ Pour trouver le PGCD, on peut effectuer la factorisation première de chacun des nombres et conserver tous les facteurs premiers qui leur sont communs.

Exemple :
Quel est le PGCD de 84 et 156 ? Séparer les colonnes de chiffres par des lignes verticales.

84	2		156	2
42	2		78	2
21	3		39	3
7	7		13	13
1			1	

On conserve $2 \times 2 \times 3$, qui est la partie commune aux deux factorisations.

La factorisation première peut être représentée à l'aide d'un diagramme de Venn. Le PGCD est le produit des facteurs premiers compris dans l'intersection des deux ensembles.

Facteurs premiers dont le produit est 84 : 7 ; intersection : 2, 2, 3 ; Facteurs premiers dont le produit est 156 : 13.

1. Effectue la factorisation première des nombres, puis trouve leur PGCD.

a) 72 et 96   72 | 96 |

Le PGCD est _____ .

b) 250 et 875

250 | 875 |

Le PGCD est _____ .

c) 64, 88 et 96

64 | 88 | 96 |

Le PGCD est _____ .

d) 196, 245 et 294

196 | 245 | 294 |

Le PGCD est _____ .

Multiples d'un nombre et PPCM

▶ Les **multiples** d'un nombre sont les produits de ce nombre multiplié par tous les nombres naturels, y compris 0.

▶ Le **PPCM** est le plus petit multiple commun à deux ou plusieurs nombres.

Exemple :
Multiples de 12 : 0, 12, 24, 36, 48, **60**, 72 ;

Multiples de 15 : 0, 15, 30, 45, **60**.

60 est le plus petit multiple commun à 12 et 15.

▶ Il est nécessaire de trouver le PPCM lorsqu'on additionne ou soustrait des fractions qui ont des dénominateurs différents.

▶ Pour trouver le PPCM de deux nombres, on effectue leur factorisation première, on représente les facteurs premiers dans un diagramme de Venn et on multiplie tous les facteurs qui apparaissent dans le diagramme.

Exemple :

36	2	84	2
18	2	42	2
9	3	21	3
3	3	7	7
1		1	

Facteurs dont le produit est 36 : 3 ; (2, 2, 3) commun ; 7 ; Facteurs dont le produit est 84.

Le PPCM de 36 et 84 est $\underbrace{2 \times 2 \times 3}_{\text{partie commune}} \times \underbrace{3 \times 7}_{\text{autres facteurs}} = 12 \times 21 = 252$

1. **Utilise ta connaissance des diviseurs des nombres pour trouver le PPCM des nombres proposés.**

   a) 2 et 3 : _____ b) 3 et 6 : _____ c) 4 et 3 : _____

   d) 2, 3 et 4 : _____ e) 2, 3 et 6 : _____ f) 2, 4 et 8 : _____

   g) 3, 6 et 9 : _____ h) 2, 3 et 8 : _____ i) 4, 6 et 8 : _____

2. **Effectue la factorisation première, inscris les facteurs dans un diagramme de Venn, puis trouve le PPCM.**

   a) 8, 10 et 14

   8 | 10 | 14 |

   Le PPCM est _____.

   Facteurs de 8   Facteurs de 10   Facteurs de 14

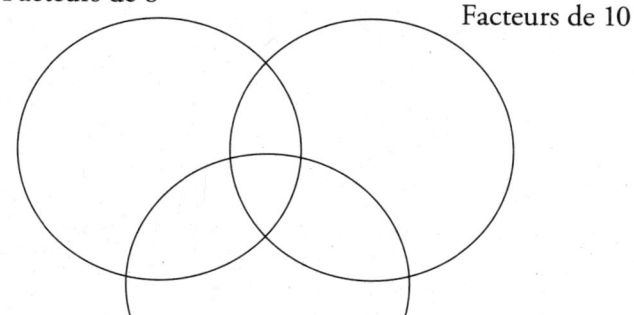

   b) 28, 77 et 98

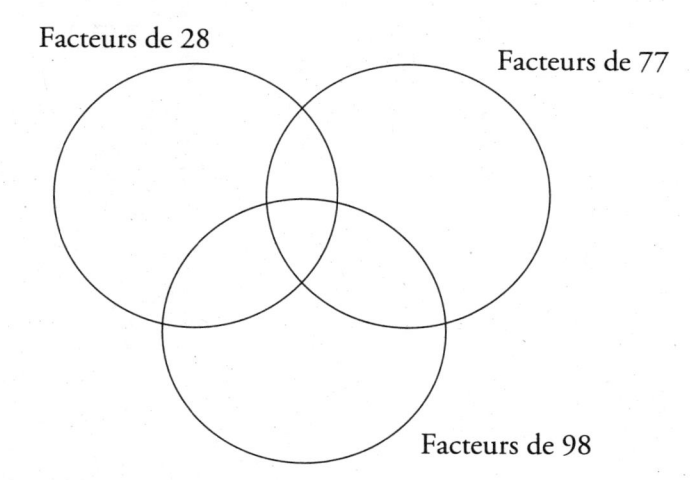

   28 | 77 | 98 |

   Le PPCM est _____.

   Facteurs de 28   Facteurs de 77   Facteurs de 98

Nombres naturels / 31

Problèmes (le PGCD et le PPCM)

1. Ma grand-mère est une mordue d'horticulture. Elle possède une grande variété de plantes intérieures dont les besoins diffèrent énormément. Elle arrose certaines plantes tous les 4 jours, d'autres tous les 6 jours, d'autres enfin tous les 30 jours seulement. Si elle a arrosé toutes ses plantes ce matin, dans combien de jours les plantes auront-elles besoin d'un arrosage le même jour ?

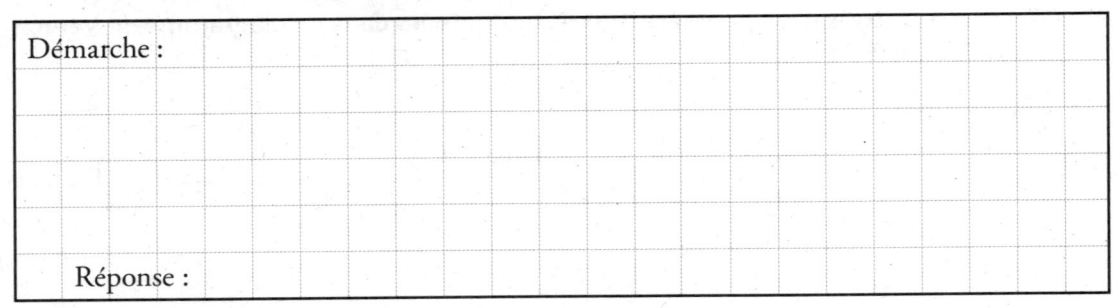

   Démarche :

   Réponse :

2. Trois frères s'entraînent à la course sur une piste circulaire. L'aîné prend 4 minutes pour faire un tour complet, le deuxième le fait en 6 minutes alors que le cadet met 8 minutes. S'ils viennent de franchir ensemble la ligne de départ, dans combien de minutes se retrouveront-ils à nouveau tous les trois sur cette ligne ?

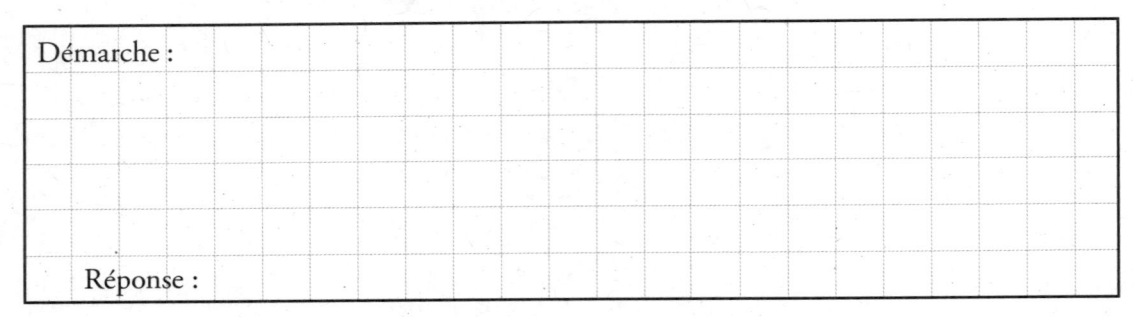

   Démarche :

   Réponse :

3. Les groupes de 1re et 2e secondaire font une sortie. Le nombre d'élèves dans chacun de ces niveaux se situe entre 150 et 190. Celui de 1re secondaire est divisible par 2, 3, 4, 6, 9, 10 et 12. Celui de 2e secondaire est divisible par 3 et 5, mais pas par 2. Combien d'élèves de chaque niveau participent à cette sortie ?

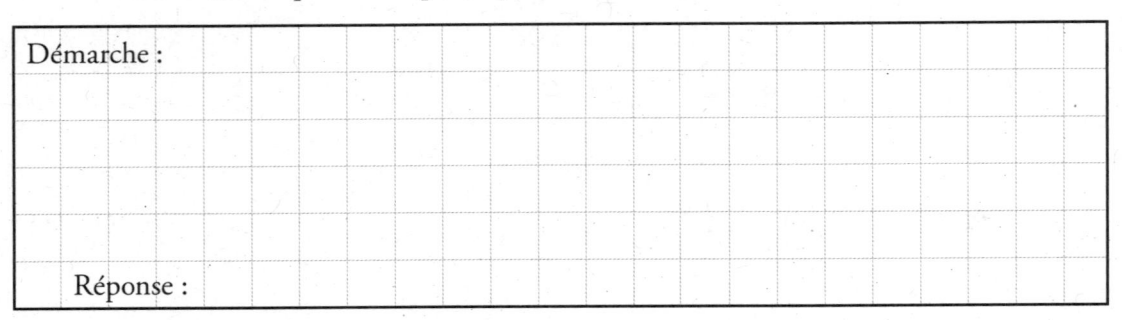

   Démarche :

   Réponse :

Puissance d'un nombre

▶ La puissance d'un nombre est la multiplication répétée de ce nombre. Cette opération porte le nom d'**exponentiation**.

▶ $2 \times 2 \times 2 \times 2 = 2^4$ ⟵ exposant
$\quad\quad\quad\quad\quad\quad\quad\quad\quad |$
$\quad\quad\quad\quad\quad\quad\quad\quad$ base

▶ Tout nombre non nul affecté de l'exposant 0 est égal à 1.

Exemple : $9^0 = 1$

▶ Tout nombre non nul affecté de l'exposant 1 est égal à la base elle-même.

Exemple : $9^1 = 9$

---

1. **Trouve la valeur des expressions suivantes.**

    a) 1^7 : _____ b) 2^6 : _____ c) 5^3 : _____ d) 8^2 : _____

    e) 25^2 : _____ f) 0^6 : _____ g) 15^2 : _____ h) 3^4 : _____

2. **Trouve les exposants.**

    a) $2^\square = 32$ _____ b) $4^\square = 64$ _____ c) $8^\square = 1$ _____ d) $98^\square = 98$ _____

    e) $9^\square = 729$ _____ f) $3^\square = 243$ _____ g) $2^\square = 256$ _____ h) $5^\square = 625$ _____

3. **Vrai ou faux ?**

    a) $2^2 \times 4^2 = 8^4$ _____ b) $0^9 = 9$ _____ c) $6 \times 5 = 6^5$ _____

    d) $2 + 2 + 2 = 2^3$ _____ e) $8^2 = 4^3$ _____ f) $2^3 < 3^2$ _____

4. **Compare les expressions à l'aide des signes <, > ou =.**

    a) $4 + 4 + 4$ ____ 4^2 b) $1^3 + 1^0$ ____ 2 c) 4×5 ____ 5^4 d) $6 \times 6 \times 6$ ____ 3^6

    e) $2^2 + 2^2$ ____ 2^3 f) $4^3 - 4^2$ ____ 7^2 g) $5^3 \div 5^0$ ____ 5^3 h) $2^0 + 2^1 + 2^3$ ____ 10

5. **Exprime chaque nombre sous forme exponentielle de plusieurs façons.**

    a) 4 : _____ b) 16 : _____

    c) 64 : _____ d) 256 : _____

Nombres naturels / **33**

Puissances de 10

▶ La multiplication d'un nombre par une puissance de 10 contient toujours un nombre de zéros égal à la valeur de l'exposant.

Exemple :
$10^3 = 1\,000$

▶ Les exposants négatifs représentent des fractions.

Exemples : $3 \times 10^{-2} = \frac{3}{10^{-2}} = 0{,}03 \quad 2 \times 10^{-1} = \frac{2}{10^1} = \frac{2}{10}$

▶ Quand on multiplie un nombre par une puissance négative de 10, on enlève un nombre de zéros égal à la valeur de l'exposant.

Exemple :
$10\,000 \times 10^{-2} = 100$

1. Trouve les produits.
   a) $452 \times 10^3 =$ _____
   b) $5\,315 \times 10^2 =$ _____
   c) $328 \times 10^5 =$ _____
   d) $250 \times 10^4 =$ _____

2. Écris le nombre qui correspond à chacun de ces développements.
   a) $5 \times 10^5 + 3 \times 10^2 =$ _____
   b) $9 \times 10^6 + 2 \times 10^5 + 3 \times 10^0 =$ _____
   c) $4 \times 10^7 + 9 \times 10^4 + 8 \times 10^1 =$ _____

3. Utilise une notation exponentielle pour écrire les expressions suivantes.
   Exemple : $4\,000 = 4 \times 10^3$
   a) un million : _____
   b) dix milliards : _____
   c) un centième : _____
   d) un millième : _____

4. Trouve les produits.
   a) $15\,000 \times 10^{-2} =$ _____
   b) $1\,000\,000 \times 10^{-4} =$ _____
   c) $3\,600\,000 \times 10^{-1} =$ _____
   d) $350\,000 \times 10^{-3} =$ _____

5. Trouve les facteurs manquants. Exprime-les sous la forme d'une puissance de 10.

   a) $150 \times$ _____ $= 15\,000$
   b) $300 \times$ _____ $= 30$
   c) $40 \times$ _____ $= 0{,}4$

   d) $100\,000 \times$ _____ $= 100$
   e) $3\,000 \times$ _____ $= 300\,000$
   f) $500 \times$ _____ $= 0{,}5$

Chaînes d'opérations (les exposants)

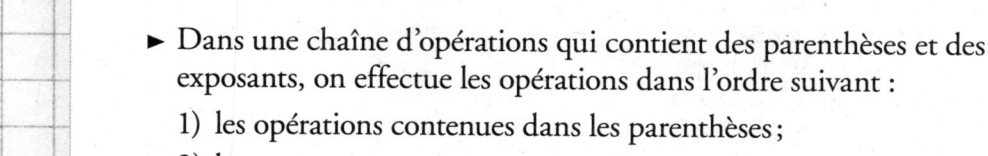

▶ Dans une chaîne d'opérations qui contient des parenthèses et des exposants, on effectue les opérations dans l'ordre suivant :
1) les opérations contenues dans les parenthèses ;
2) les exposants ;
3) les multiplications et les divisions dans l'ordre où elles apparaissent ;
4) les additions et les soustractions dans l'ordre où elles apparaissent.

1. Résous les chaînes suivantes.

a) $(2 \times 2) - 2 \times 1^3 =$ _____

b) $(5 + 4)^2 - 5^2 - 4^2 =$ _____

c) $12^2 - (6 - 3) \times 2^2 =$ _____

d) $6 \times (12 - 3) \div 3^2 \times 2 + 4^0 =$ _____

e) $3 + 5 \times 4^2 - 27 \div 3^2 =$ _____

f) $(3 + 5)^2 \times (5 - 3)^5 =$ _____

g) $56 \div 7 + 2^2 + (24 \div {}^-6)^0 =$ _____

h) $(8 + 6 \times 3) - 3 \times (4 + 7 + {}^-3) =$ _____

i) $(6 - 9) \times (10 + 4 \times 6)^0 =$ _____

j) $(7 + 2)^2 - 36 \div (2^3 + 4) =$ _____

Nombres naturels / **35**

Problèmes (les exposants)

1. En arrivant sur une nouvelle planète, des scientifiques découvrent une bactérie qui se reproduit très vite. Ils en capturent une et, après quelques heures, ils constatent que le nombre de bactéries a doublé à chaque heure.

    a) Combien de bactéries peuvent-ils observer après 9 heures?

    Démarche :

    Réponse :

    b) Après combien d'heures y avait-il 256 bactéries?

    Démarche :

    Réponse :

2. Tu envoies à un de tes amis un courriel qui suggère de bons moyens pour protéger l'environnement. Tu lui recommandes de le faire parvenir à 3 camarades qui, à leur tour, feront de même.

    a) Si tous les camarades font suivre le message, combien de jeunes l'auront reçu après la sixième transmission?

    Démarche :

    Réponse :

    b) Combien de fois le message aura-t-il été transmis lorsque 2 187 jeunes auront reçu le message?

    Démarche :

    Réponse :

36 / 3R Mathématique

NOMBRES ENTIERS

Nombres entiers

▶ Les nombres négatifs s'ajoutent aux nombres naturels pour former l'ensemble des nombres entiers $\mathbb{Z}$. $\mathbb{Z} = \{\ldots, -3, -2, -1, 0, 1, 2, 3, \ldots\}$

▶ Les nombres négatifs sont les opposés des nombres positifs. Un nombre et son opposé sont situés à une égale distance du 0 sur la droite numérique.

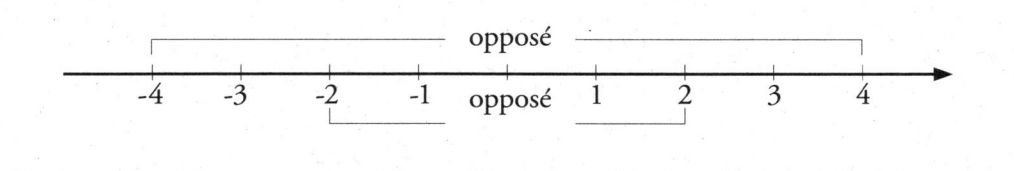

1. **Écris l'opposé des expressions suivantes.**
   a) tourner à droite : _____
   b) une perte de 100 $: _____
   c) 35 km au nord : _____
   d) un profit de 1 000 $: _____
   e) 300 km à l'est : _____
   f) un retrait de 125 $: _____

2. **Écris les nombres qui correspondent aux points sur cette droite numérique.**

3. **Complète les énoncés suivants.**
   a) L'opposé de 5 est _____.
   b) L'opposé de −3 est _____.
   c) L'opposé de l'opposé de 10 est _____.
   d) Sur une droite numérique, _____ et 9 sont situés à égale distance du 0.
   e) L'opposé de l'opposé de l'opposé de −2 est _____.

4. **Relie les expressions équivalentes.**
   a) l'opposé de l'opposé de 5   A) $-(-(-(5)))$
   b) l'opposé de l'opposé de −5   B) $-(-5)$
   c) l'opposé de l'opposé de l'opposé de 5   C) $-(-(-5))$

Ordre et comparaison

► Un nombre négatif est toujours inférieur à un nombre positif.
► Plus un nombre négatif est éloigné de 0, plus il est petit.

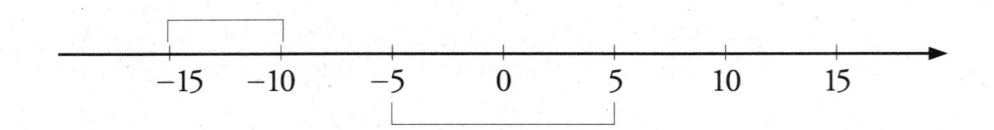

$$-15 \quad -10 \quad -5 \quad 0 \quad 5 \quad 10 \quad 15$$

Exemples :
$^-5 < ^+5$ et $^-15 < ^-10$

1. Encercle le plus grand nombre : $^-225, ^-7, ^-15$.

2. Encercle le plus petit nombre : $0, ^+2, ^-25$.

3. Place les nombres suivants en ordre croissant : $^-46, ^-44, ^+45, ^+1\,100, ^-99$.
   _____

4. Place les nombres suivants en ordre décroissant : $0, ^-5, ^-25, ^+35, ^-100$.
   _____

5. Écris 3 nombres situés entre $^-45$ et $^-39$: _____

6. Écris 3 nombres supérieurs à $^-5$ mais inférieurs à $^+2$: _____

7. Sur une droite numérique, quel nombre entier est : _____

   a) situé immédiatement à gauche de $^-99$? _____

   b) situé immédiatement à droite de $^-32$? _____

   c) situé exactement au centre entre $^-10$ et $^+10$? _____

8. Compare à l'aide des signes $<$, $>$ et $=$.

   a) $^-13$ _____ 11 b) $^-100$ _____ -101

   c) $^-4$ _____ $-(-(-(^-4)))$ d) 5 _____ -5

   e) $^-32$ _____ 23 f) $-(-(-(^-1)))$ _____ $-(-(-(1)))$

38 / 3R Mathématique

Addition de nombres entiers

▶ L'addition de deux nombres positifs donne un nombre positif qui est la somme des deux autres.

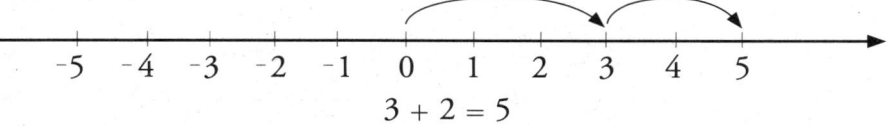

$$3 + 2 = 5$$

▶ L'addition de deux nombres négatifs donne un nombre négatif qui est la somme des deux autres.

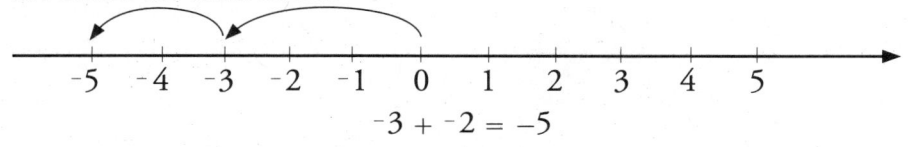

$$^-3 + {}^-2 = -5$$

▶ Pour additionner deux nombres de signes contraires, il faut soustraire les deux nombres et garder le signe du nombre qui a la plus grande valeur.

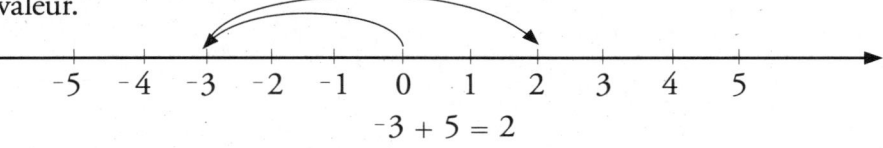

$$^-3 + 5 = 2$$

1. Résous les équations suivantes.

a) $^-5 + 4 =$ _____   b) $^-10 + {}^-2 =$ _____   c) $^-7 + 3 =$ _____   d) $^-8 + 15 =$ _____

e) $^-5 + 19 =$ _____   f) $14 + {}^-3 =$ _____   g) $^-13 + 10 =$ _____   h) $^-5 + {}^-8 =$ _____

i) $20 + {}^-12 =$ _____   j) $^-18 + {}^-7 =$ _____   k) $6 + {}^-19 =$ _____   l) $^-17 + {}^-4 =$ _____

2. Résous les équations suivantes.

a) $^-5 + 3 + {}^-2 + {}^-4 =$ _____   b) $^-8 + {}^-2 + {}^-4 + 15 =$ _____

c) $5 + 7 + {}^-8 + {}^-2 =$ _____   d) $^-10 + 5 + {}^-7 + 9 =$ _____

e) $^-5 + 0 + {}^-7 + 6 =$ _____   f) $^-2 + 17 + {}^-3 + 7 =$ _____

g) $4 + {}^-4 + 9 + {}^-7 =$ _____   h) $^-7 + {}^-2 + {}^-5 + {}^-1 =$ _____

i) $18 + {}^-6 + {}^-4 + 12 =$ _____   j) $^-20 + {}^-5 + 7 + {}^-2 =$ _____

Soustraction de nombres entiers

▶ **Soustraire un nombre, c'est ajouter son opposé.**

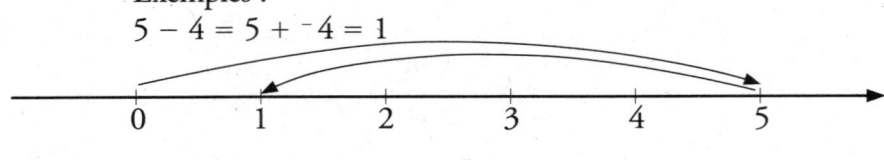

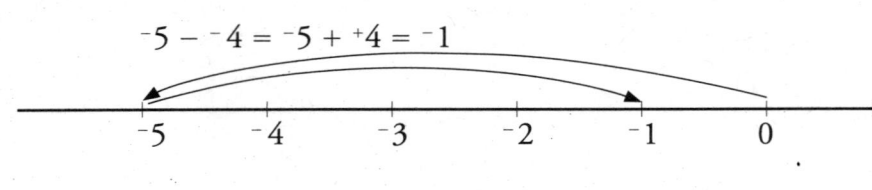

Exemples :
$5 - 4 = 5 + {}^-4 = 1$

$^-5 - {}^-4 = {}^-5 + {}^+4 = {}^-1$

1. Résous les équations suivantes.

   a) $^-5 - {}^-3 =$ _____   b) $10 - {}^-2 =$ _____   c) $^-9 - 5 =$ _____   d) $^-7 - 7 =$ _____

   e) $^-1 - {}^-5 =$ _____   f) $7 - 10 =$ _____   g) $^-24 - 8 =$ _____   h) $15 - {}^-3 =$ _____

   i) $0 - {}^-9 =$ _____   j) $8 - {}^-6 =$ _____   k) $15 - 5 =$ _____   l) $^-7 - {}^-9 =$ _____

2. Compare à l'aide des signes $<$, $>$ et $=$.

   a) $(6 - {}^-3) - 2$ _____ $6 - ({}^-3 - 2)$ b) $8 - 2$ _____ $2 - 8$

   c) $^-8 - 8$ _____ 0 d) $^-18 - {}^-2 - {}^-1$ _____ $^-15 - 1$

   e) $^-5 - {}^-1 - {}^-8$ _____ $-2 - {}^-8$ f) $8 - {}^-2 - 6$ _____ $8 - 2 - {}^-6$

   g) $^-20 - 5 - {}^-10$ _____ $20 - {}^-5 + 10$ h) $^-5 - 3 - {}^-10$ _____ $5 - {}^-3 - 10$

   i) $^-7 - {}^-6 - 2$ _____ $^-5 - {}^-7 - 5$ j) $8 - 3 - {}^-9$ _____ $-8 - {}^-3 - 9$

Multiplication et division de nombres entiers

La multiplication et la division de nombres entiers obéissent aux mêmes lois :

▶ Le produit ou le quotient de deux nombres entiers de même signe est un nombre entier positif.

Exemples :
$(^+4) \times (^+3) = {^+12}$ $(^-4) \times (^-3) = {^+12}$

$(^+12) \div (^+3) = 4$ $(^-12) \div (^-3) = {^+4}$

▶ Le produit ou le quotient de deux nombres entiers de signes contraires est un nombre entier négatif.

Exemples :
$(^-4) \times (^+3) = {^-12}$ $(^+4) \times (^-3) = {^-12}$

$(^-12) \div (^+3) = {^-4}$ $(^+12) \div (^-3) = {^-4}$

1. Calcule les produits.

a) $6 \times (^-4) =$ _____
b) $7 \times 10 =$ _____
c) $(^-7) \times (^-7) =$ _____
d) $(^-4) \times (^-5) =$ _____
e) $5 \times (^-6) =$ _____
f) $(^-15) \times 0 =$ _____
g) $8 \times 7 =$ _____
h) $(^-9) \times 3 =$ _____
i) $(^-33) \times 1 =$ _____
j) $9 \times 8 =$ _____
k) $(^-12) \times (^-5) =$ _____
l) $(^-24) \times (^-2) =$ _____

2. Calcule les quotients.

a) $(^-25) \div (^-5) =$ _____
b) $30 \div (^-3) =$ _____
c) $(^-56) \div (^-8) =$ _____
d) $100 \div 4 =$ _____
e) $(^-75) \div 25 =$ _____
f) $(^-81) \div (^-9) =$ _____
g) $(^-15) \div (^-5) =$ _____
h) $20 \div (^-20) =$ _____
i) $18 \div (^-1) =$ _____
j) $(^-45) \div 15 =$ _____
k) $36 \div (^-12) =$ _____
l) $24 \div 24 =$ _____

3. Trouve les termes manquants.

a) $^-30 \div$ _____ $= 3$
b) _____ $\times\ ^-4 = {^-20}$
c) _____ $\div\ ^-4 = {^-25}$

d) $^-7 \times$ _____ $= {^-56}$
e) $^-16 \div$ _____ $= 1$
f) _____ $\times\ ^-1 = {^-24}$

g) $13 \times$ _____ $= 26$
h) $^-48 \div$ _____ $= 16$
i) _____ $\div\ ^-9 = 5$

j) $4 \times$ _____ $= {^-24}$
k) $^-60 \div$ _____ $= 5$
l) $^-8 \times$ _____ $= 48$

m) $36 \div$ _____ $= {^-6}$
n) _____ $\times 18 = {^-18}$
o) _____ $\div\ ^-7 = {^-9}$

4. Remplis les tableaux.

a)

×	⁻1	3	⁻5	⁻4	⁻2
⁻2					
⁺4					
⁻5					
⁺7					

b)

÷	⁻6	⁺3	⁻4	⁻1	⁺2
⁻36					
⁺24					
⁻48					
⁺24					

c)

×		4	⁻10		⁻9
		⁻24			
⁻5	25				
			⁻30		
10				50	

d)

÷	⁻1		⁻15	3	
⁻60					12
			⁻3		
75					
	15				

5. Calcule les chaînes d'opérations.

a) (⁻5) × (⁻6) − 5 = _____

b) (⁻18) ÷ (⁻3) + 18 ÷ ⁺3 = _____

c) (⁻4) × (⁻6) ÷ (⁻12) = _____

d) (⁻48) ÷ (⁻24) + 1 = _____

e) (⁻3) × (⁻3) × (⁻3) ÷ ⁻9 = _____

f) (⁻6) ÷ 6 − (⁻18) ÷ (⁻2) = _____

g) (⁻7) ÷ (⁻7) + (⁻7) × (⁻7) = _____

h) (⁻48) ÷ (⁻2) ÷ (⁻3) ÷ (⁻2) = _____

i) (⁻50) ÷ (⁻2) ÷ 5 ÷ (⁻1) = _____

j) 3 + (⁻18) ÷ (⁻9) × (⁻3) = _____

k) (⁻1) × 3 × (⁻8) ÷ (⁻4) + 2 = _____

l) (⁻48) ÷ 8 + (⁻5) × (⁻4) = _____

Puissance d'un entier négatif

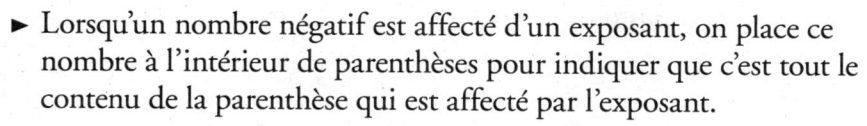

► Lorsqu'un nombre négatif est affecté d'un exposant, on place ce nombre à l'intérieur de parenthèses pour indiquer que c'est tout le contenu de la parenthèse qui est affecté par l'exposant.

Si le signe de négation n'est pas à l'intérieur de la parenthèse, alors c'est l'entier seulement qui est concerné par l'exposant.

Exemple :
$(^-3)^2 = {}^-3 \times {}^-3 = 9$;
$^-3^2 = -(3 \times 3) = {}^-9$

1. Récris chaque expression sous la forme d'un produit de facteurs, puis trouve la valeur de chaque puissance.

   a) $(^-5)^3 =$ _____ b) $6^2 =$ _____

   c) $2^5 =$ _____ d) $(^-2)^4 =$ _____

   e) $^-3^3 =$ _____ f) $(^-3)^4 =$ _____

   g) $^-5^3 =$ _____ h) $(^-7)^2 =$ _____

2. Complète par le nombre entier qui convient.

   a) $(^-2)^\square = {}^-32$ b) $(^-6)^\square = 36$ c) $^-\square^3 = {}^-125$

   d) $(^-2)^\square = {}^-8$ e) $(\square)^3 = {}^-64$ f) $(^-8)^\square = 64$

3. Effectue les calculs suivants.

   a) $(^-2)^3 \times {}^-3^2 =$ _____ b) $^-3^2 + (^-2)^2 =$ _____

   c) $-(^-10)^2 \div 10^1 =$ _____ d) $^-2^2 + (^-2)^2 + -(^-2)^2 =$ _____

   e) $^-6^2 \div (^-3)^2 =$ _____ f) $(^-4)^3 \div {}^-2^3 =$ _____

   g) $(^-5)^2 \times (^-2)^0 =$ _____ h) $(^-7)^2 + (^-7)^1 =$ _____

   i) $(^-100)^0 + (^-100)^1 =$ _____ j) $(^-5)^3 \div {}^-5^2 =$ _____

Nombres entiers / **43**

Chaînes d'opérations (puissances d'entiers négatifs)

1. Résous les chaînes d'opérations suivantes.

   a) $^-7 \times {}^-6 + {}^-9 \div {}^-3$

   b) $50 - [{}^-15 + (16 - 21) \div 5]$

   c) $^-3 \times [({}^-10 \div {}^-5) + (4 - 6)^2]$

   d) $^-4 \times [{}^-12 \div {}^-4 + (5 - 10)^2]$

   e) $^-48 \div 3 + 2 \times ({}^-5 - 3)$

   f) $^-20 \times 2 \div 2^3 - (5 + 8 \div {}^-2)$

   g) $^-120 \div {}^-4 \div {}^-2$

   h) $66 \div {}^-11 \times (10^2 - 9 \times 10)$

2. Compare à l'aide des signes $<$, $>$ et $=$.

   a) $(({}^-3)^3 - {}^-7) \div ({}^-2)^2$ _____ $-4^2 \div ({}^-2)^2$

   b) $45 \div - ({}^-3)^2$ _____ $-45 \div ({}^-3)^3$

   c) $-({}^-4)^3 \div ({}^-2^2 \times 2^2)$ _____ $-6^2 \div ({}^-3)^2$

   d) $({}^-2)^3 + - (2)^3 \div ({}^-2)^2$ _____ $-({}^-2)^3 + ({}^-2)^3 \div - ({}^-2)^2$

   e) $[({}^-4)^3 - ({}^-4)^2] \div ({}^-2)^3$ _____ $8^2 \div {}^-2^3$

   f) $({}^-3)^3 + ({}^-2)^2 \div -1^2$ _____ $-4^2 \div ({}^-2)^2 + 3^2$

   g) $-10^2 \div ({}^-5)^2 - {}^-2^2$ _____ $- ({}^-5)^2 \div ({}^-5)^2$

   h) $({}^-3)^3 - ({}^-2)^5 \div {}^-2^3$ _____ $({}^-4)^2 \div ({}^-2)^3 + ({}^-5)^2$

Problèmes (les entiers négatifs)

1. Amélie et Marc-André participent à un jeu où chaque joueur débute avec une somme de 50 points. Chacun lance 5 fois un dé numéroté de 1 à 6. L'obtention d'un nombre pair donne 10 points. L'obtention d'un nombre impair en fait perdre 5. Le tableau indique les résultats obtenus par Amélie et Marc-André. Qui a terminé la partie avec le plus grand nombre de points ?

Amélie	6	4	1	3	2
Marc-André	3	2	4	2	6

Démarche :

Réponse :

2. Ludovic et Catherine passent un examen objectif dans lequel il n'est pas bon de choisir les réponses au hasard, puisqu'un bon choix donne 5 points mais qu'un mauvais choix en fait perdre 3. Sur les 50 questions de l'examen, Ludovic en a réussi 38 et Catherine en a raté 15. Quel a été le résultat de chacun ?

Démarche :

Réponse :

3. Lors d'une semaine de navigation vers l'océan Arctique, des chercheurs ont noté les températures suivantes en degrés Celsius : $^+3$, 0, $^+5$, $^-2$, $^-6$, $^-10$ et $^-11$. Quelle est la moyenne des températures observées durant ces 7 jours ?

Démarche :

Réponse :

Plan cartésien

- Le plan cartésien est un système de repérage.
- Il se compose de 2 axes gradués qui se coupent perpendiculairement.
- L'axe horizontal se nomme l'axe des **abscisses** ou l'axe des x.
- L'axe vertical se nomme l'axe des **ordonnées** ou l'axe des y.
- Pour situer un point dans le plan cartésien, on utilise 2 nombres appelés les **coordonnées**.

Le premier situe le point par rapport à l'axe des abscisses et le deuxième, par rapport à l'axe des ordonnées.

Exemple :
Dans le plan cartésien ci-contre, les coordonnées des points sont :
A (2, 5)
B (-4, 3)
C (-1, -4)
D (3, -2)

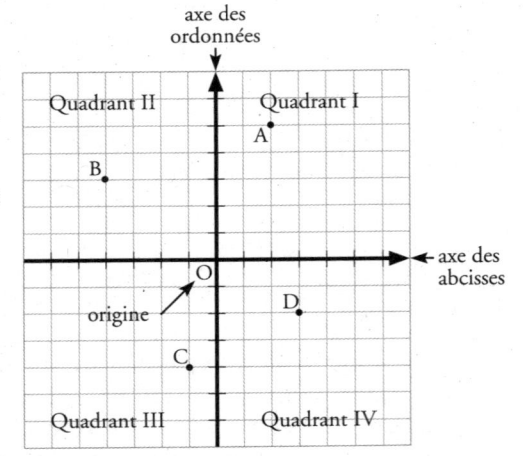

- Le croisement des deux axes forme 4 **quadrants**. Le point de rencontre des deux axes s'appelle l'**origine**. On numérote les quadrants dans le sens antihoraire en commençant en haut à droite.

1. Complète les phrases suivantes en inscrivant le numéro du quadrant dont il est question.
   a) Dans le quadrant _____ , l'abscisse est positive et l'ordonnée, négative.
   b) Dans le quadrant _____ , les deux coordonnées sont négatives.
   c) Le point (-3, 5) est situé dans le quadrant _____ .
   d) Les points qui ont deux coordonnées positives sont dans le quadrant _____ .

2. a) Place les points suivants dans le plan cartésien ci-contre.
      A (-5, 3), B (2, 3), C (-2, -2)

   b) Relie ces points. Trace le point D qui permet de dessiner un parallélogramme. Quelles sont les coordonnées de ce point ?

   _____

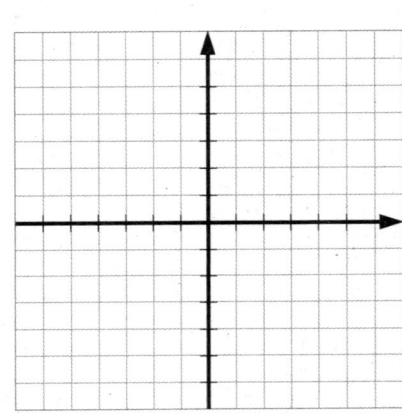

46 / 3R Mathématique

3. a) Dans le plan cartésien ci-contre, trace les points A (⁻3, 3) et B (2, ⁻1).

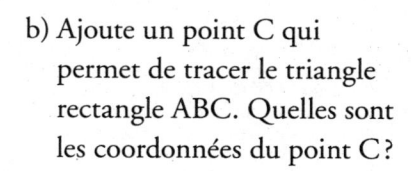

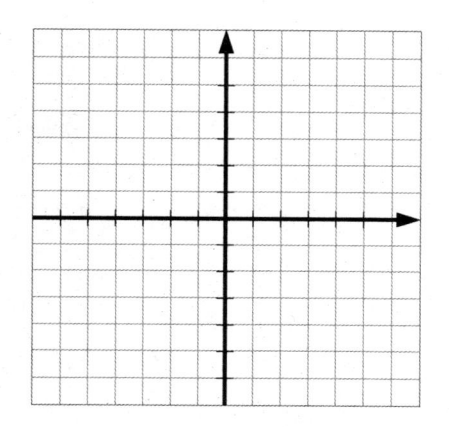

b) Ajoute un point C qui permet de tracer le triangle rectangle ABC. Quelles sont les coordonnées du point C ?

_____

4. a) Observe les coordonnées du point A, ci-contre. Détermine le pas de graduation des axes.

b) Détermine les coordonnées des points suivants.

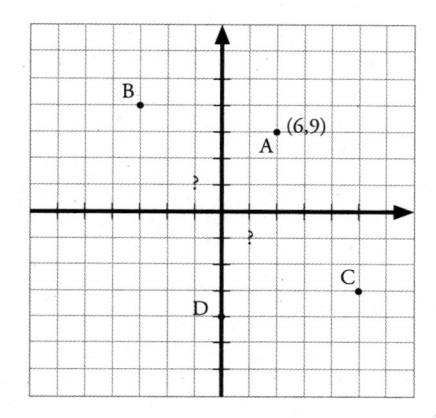

B _____

C _____

D _____

5. a) L'école est située au point A, ci-contre. Quelles sont les coordonnées du point A ? _____

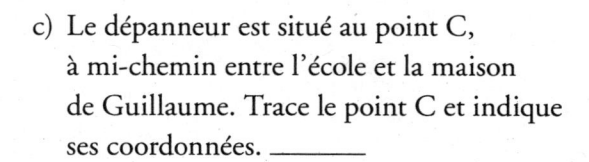

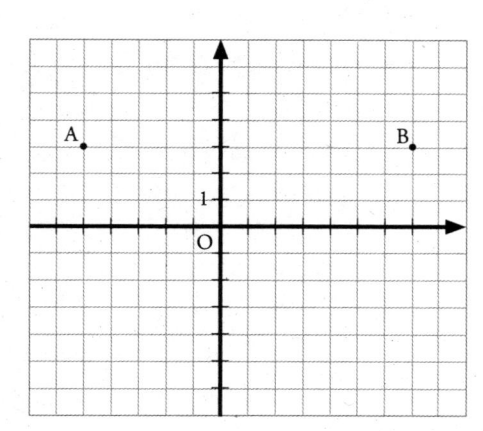

b) Guillaume habite au point B. Quelles sont les coordonnées du point B ?
_____

c) Le dépanneur est situé au point C, à mi-chemin entre l'école et la maison de Guillaume. Trace le point C et indique ses coordonnées. _____

d) La maison d'Imane a une abscisse inférieure de 2 et une ordonnée inférieure de 3 à celle de Guillaume. Quelles sont les coordonnées du point qui représente la maison d'Imane ? _____

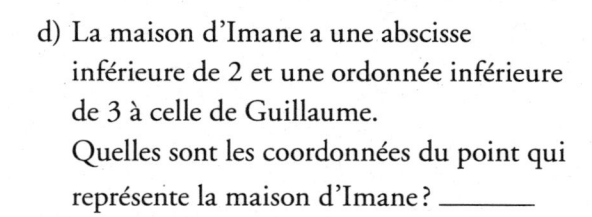

Nombres entiers / **47**

Suites de nombres

▶ Une suite numérique est une suite de nombres qu'on appelle des **termes**.

▶ Chacun de ces termes occupe un **rang** dans la suite.

▶ Dans une suite, on observe généralement une **régularité** qui permet de prédire les termes qui la composent.

Exemples :
a) 15, 17, 19, 21, 23, …
   +2 +2 +2 +2

b) 3, 6, 5, 10, 9, 18, 17, …
   ×2 −1 ×2 −1 ×2 −1

1. **Détermine la régularité qui a engendré la suite.**

   a) 7, 11, 15, 19, 23, …   b) 11, 3, ⁻5, ⁻13, ⁻21, …
   Régularité : _____   Régularité : _____

   c) ⁻30, ⁻28, ⁻26, ⁻24, …   d) ⁻15, ⁻17, ⁻19, ⁻21, ⁻23, …
   Régularité : _____   Régularité : _____

   e) ⁻1,5, ⁻5, ⁻8,5, ⁻12, …   f) 13, 10, 7, 4, 1, …
   Régularité : _____   Régularité : _____

2. **Écris les trois termes qui continuent la suite.**

   a) 10, 35, 60, 85, ____, ____, ____   b) ⁻7, ⁻16, ⁻25, ⁻34, ____, ____, ____

   c) 2, 6, 18, 54, ____, ____, ____   d) $\frac{1}{3}, \frac{1}{5}, \frac{1}{7}, \frac{1}{9}$, ____, ____, ____

   e) 250, 175, 100, 25, ____, ____, ____ f) 2, ⁻2, ⁻6, ⁻10, ____, ____, ____

3. **Écris les cinq premiers termes de la suite dont :**

   a) la régularité est ⁻12 et le premier terme est 90 : ____, ____, ____, ____, ____

   b) la régularité est × 2 et le deuxième terme est ⁻2 : ____, ____, ____, ____, ____

   c) la régularité est ⁺2 et le deuxième terme est ⁻8 : ____, ____, ____, ____, ____

   d) la régularité est ÷ 2 et le premier terme est 1 000 : ____, ____, ____, ____, ____

Modes de représentation d'une suite

Il existe plusieurs façons de représenter une suite.

Soit la suite : 1, 3, 5, 7, 9.

On peut la décrire ou la représenter par :

– des mots : « Le premier terme est 1 et la régularité est $^+2$. »

– un dessin : ☐ ☐☐☐ ☐☐☐☐☐ ☐☐☐☐☐☐☐

– une table de valeurs :

Rang	1	2	3	4	5
Terme	1	3	5	7	9

– un graphique :

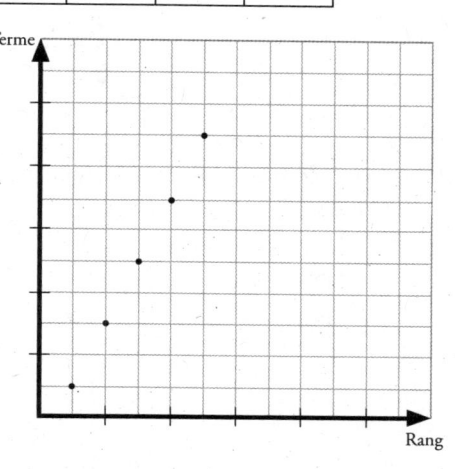

▶ Si on connaît deux termes non consécutifs d'une suite arithmétique, on peut trouver les termes intermédiaires de la façon suivante :

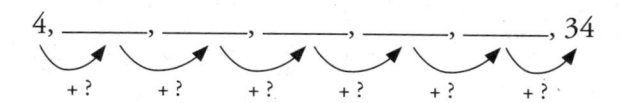

4, ____, ____, ____, ____, ____, 34
   +?   +?   +?   +?   +?   +?

1) trouver la différence entre 34 et 4 : 34 − 4 = 30 ;

2) trouver le nombre de fois qu'on a dû ajouter une même quantité à 4 pour obtenir 34. Attention ! Ce nombre de fois correspond au nombre de termes manquants + 1 ! Ainsi, dans cette suite où il manque 5 termes, on a ajouté 6 fois la même quantité ;

3) diviser par ce nombre la différence trouvée en 2) : 30 ÷ 6 = 5 ;

4) la dividende obtenu indique qu'on trouve les termes manquants en ajoutant 5 à chacun des termes.

1. Représente cette table de valeurs à l'aide d'un graphique.

Rang	1	2	3	4	5
Terme	3	6	9	10	12

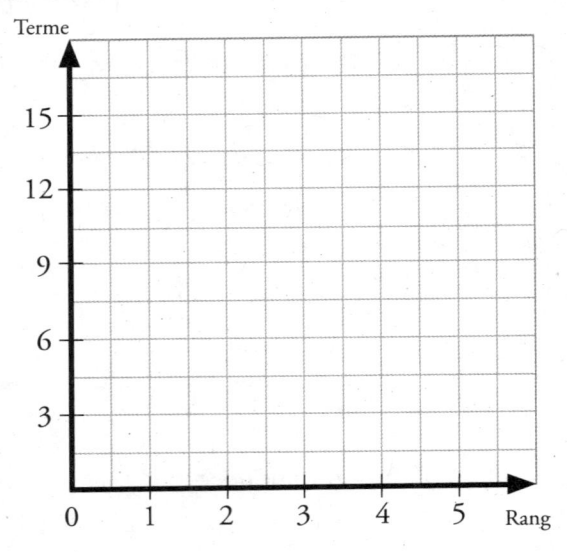

2. Le premier terme d'une suite est 24 et on obtient chacun des autres termes en soustrayant 3 du terme précédent.

   a) Remplis la table de valeurs qui correspond à cette suite.

Rang					
Terme					

   b) Représente la suite à l'aide du graphique ci-contre.

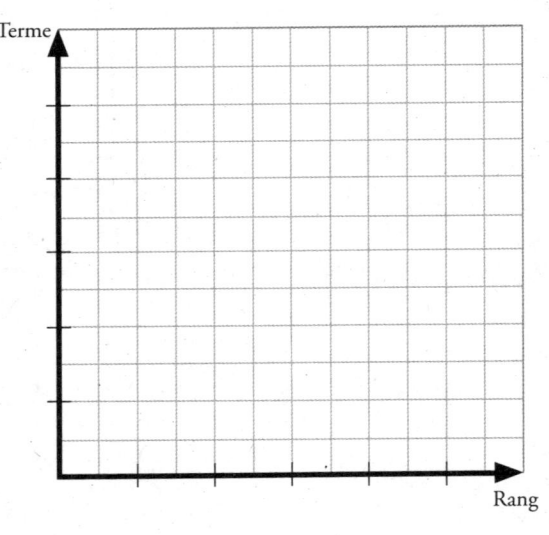

3. Trouve les termes qui manquent à ces suites.

   a) 38, _____, _____, _____, _____, 73

   b) ⁻15, _____, _____, _____, _____, 5

   c) 822, _____, _____, _____, 514

   d) ___, _____, _____, 38, _____, 46

Règle d'une suite

- Dans une suite arithmétique, le nombre qui représente la régularité, c'est-à-dire celui qu'on ajoute à chaque terme pour déterminer le terme suivant, est appelé la **raison**.
- Dans la règle d'une suite arithmétique, la raison multiplie le rang (n).
- Il faut appliquer cette règle au terme de rang 1 et, s'il y a lieu, ajouter ou retrancher la quantité nécessaire à l'obtention du premier terme.

Exemple 1 : 3, 6, 9, 12, …

La raison est +3. Multiplions le rang par 3 : $3n$

Vérifions : $3 \times 1 = 3$. La règle est donc bien $t = 3n$, où t représente le terme et n représente le rang.

Exemple 2 : 5, 8, 11, 14, …

La raison est +3. Multiplions le rang par 3.

Vérifions avec le terme de rang 1 : $3 \times 1 = 3$. Or, le premier terme est 5. Il faut alors ajouter 2 à 3 pour obtenir 5. La règle est donc $t = 3n + 2$.

1. **Détermine la raison des suites représentées par les règles suivantes.**

    a) $t = n - 2$ b) $t = {}^-3n + 5$

    La raison est _____.   La raison est _____.

    c) $t = -n - 3$ d) $t = {}^-8n + 5$

    La raison est _____.   La raison est _____.

2. **Trouve les 4 premiers termes des suites représentées par les règles suivantes.**

    a) $t = 4n$ _____ _____ _____ _____

    b) $t = 2n + 5$ _____ _____ _____ _____

    c) $t = 5n - 3$ _____ _____ _____ _____

    d) $t = -2n + 5$ _____ _____ _____ _____

3. Trouve la règle qui, dans chacune de ces suites, permet de trouver un terme d'après le rang qu'il y occupe.

a)
Rang	Terme
1	4
2	8
3	12
4	16
...	...

Règle : _____

b)
Rang	Terme
1	−5
2	−4
3	−3
4	−2
...	...

Règle : _____

c)
Rang	Terme
1	8
2	13
3	18
4	23
...	...

Règle : _____

d)
Rang	Terme
1	50
2	36
3	22
4	8
...	...

Règle : _____

e)
Rang	Terme
...	...
3	16
4	22
5	28
...	...

Règle : _____

f)
Rang	Terme
...	...
4	−12
5	−14
6	−16
...	...

Règle : _____

g)
Rang	Terme
...	...
5	13
6	19
7	25
...	...

Règle : _____

h)
Rang	Terme
...	...
2	−36
3	−30
4	−24
...	...

Règle : _____

> ▶ Si la règle d'une suite permet de trouver un terme de cette suite à partir de son rang, elle permet, de même, de trouver le rang qu'occupe un terme donné.
>
> Exemple :
> La règle d'une suite est $t = 3n - 2$.
> On veut savoir quel rang (n) occupe le terme 58 dans cette suite :
> $58 = 3n - 2$.
> Pour trouver la valeur de n, il faut résoudre l'équation $3n - 2 = 58$.
> À cette fin, on prend le résultat, 58, et on lui applique les opérations inverses de celles qui figurent dans l'équation :
> $58 + 2 = 60$; $60 \div 3 = 20$.
> On peut vérifier l'exactitude de sa réponse en reprenant la règle de l'équation et en remplaçant les variables t et n par leur valeur ; est-ce que $58 = 3 \times 20 - 2$? Oui, alors la réponse est juste.
>
> ▶ On peut appliquer le même procédé pour vérifier si un terme appartient à une suite.
>
> Le nombre 25 appartient-il à la suite dont la règle est $t = 5n - 5$?
> Vérifions l'équation $25 = 5n - 5$.
> $(25 + 5) \div 5 = 6$
> Le nombre 25 occupe donc le 6ᵉ rang dans cette suite.

4. Pour chaque règle, détermine le rang occupé par le terme donné.

a) Règle : $t = 3n - 5$
Le terme est 70.

Son rang est _____.

b) Règle : $t = {}^-2n + 3$
Le terme est $^-27$.

Son rang est _____.

c) Règle : $t = {}^-10n$
Le terme est $^-300$.

Son rang est _____.

d) Règle : $t = 7n - 5$
Le terme est 107.

Son rang est _____.

e) Règle : $t = {}^-8n - 8$
Le terme est $^-96$.

Son rang est _____.

f) Règle : $t = 15n + 8$
Le terme est 68.

Son rang est _____.

5. Le terme -196 appartient-il à la suite dont la règle est $t = {}^-8n + 4$? Si oui, quel rang occupe-t-il ? Laisse des traces de ta démarche.

Réponse : _____

6. Voici une suite de constructions. Y a-t-il dans cette suite une construction qui nécessite l'emploi de 120 pièces ?

Réponse : _____

Résolution d'équations

On peut recourir au procédé des opérations inverses pour résoudre une équation et trouver la valeur d'une variable. Tout nombre qui a été additionné sera soustrait et vice versa. Tout nombre entier qui accompagne une variable multiplie cette variable ; l'opération inverse est donc une division.

Exemple :
$3x + 6 = 45$ Vérification :
$(45 - 6) \div 3 = 13$ $3 \times 13 + 6 = 45$
Donc $x = 13$ $39 + 6 = 45$

1. Résous les équations suivantes par la méthode des opérations inverses.

   a) $4x + 6 = 54$

   Réponse : _____

   b) $8 + 3x = 50$

   Réponse : _____

   c) $6a - 12 = 96$

   Réponse : _____

   d) $38 = 3 + 5s$

   Réponse : _____

   e) $3a - 12 = 144$

   Réponse : _____

   f) $130 = 11n + 9$

   Réponse : _____

2. Marie garde souvent les enfants de la voisine. Cette dernière lui donne 3 $ pour son déplacement, puis 4 $ pour chaque heure de gardiennage.

   a) Remplis une table de valeurs pour représenter le salaire de Marie pour 4 heures de gardiennage. Quelle est la règle de cette suite ?

Nombre d'heures					
Salaire					

   La règle est _____.

   b) Combien d'heures Marie devrait-elle travailler pour gagner 27 $?

   Démarche :

   Réponse : _____

54 / 3R Mathématique

FRACTIONS

Fractions

▶ La fraction permet d'exprimer une quantité inférieure à l'unité. Pour qu'il y ait fraction, il faut que l'unité soit partagée en parties équivalentes.

▶ La fraction s'écrit à l'aide de 2 nombres séparés par un trait :

Le numérateur indique le nombre de parties équivalentes que l'on choisit de considérer.

Le dénominateur indique en combien de parties égales l'unité a été partagée.

Le trait de fraction qui les sépare indique une division.

Les fractions forment l'ensemble des nombres rationnels, qui est représenté par le symbole $\mathbb{Q}$.

1. **Écris les fractions que désignent les flèches.**

   a) A : _____   B : _____

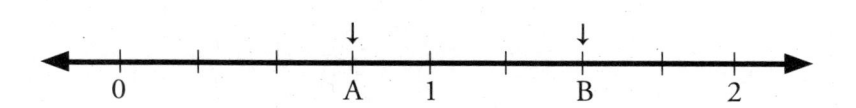

   b) C : _____   D : _____

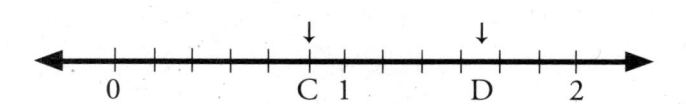

   c) E : _____   F : _____

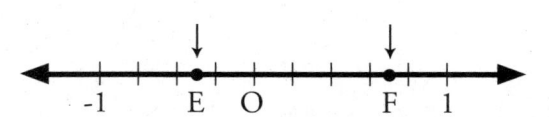

2. **Réponds à l'aide de fractions réduites.**

   a) À quelle fraction du mois de novembre équivalent les 10 premiers jours ? _____

   b) À quelle fraction d'une heure équivalent 90 minutes ? _____

   c) À quelle fraction d'une journée équivaut une période qui s'étend de 9 à 17 h ? _____

   d) À quelle fraction d'une année équivalent les mois d'été ? _____

   e) À quelle fraction d'une heure équivalent 150 secondes ? _____

   f) À quelle fraction d'un jeu de cartes équivaut l'ensemble des figures (dames, valets, rois) ? _____

   g) À quelle fraction d'une classe de 35 élèves équivaut le nombre de filles s'il y a 15 garçons dans cette classe ? _____

Nombres fractionnaires

▶ Lorsqu'une fraction est supérieure à l'unité, elle peut s'écrire sous deux formes :

– une fraction dont le numérateur est supérieur au dénominateur :
– un nombre entier plus une fraction : 1

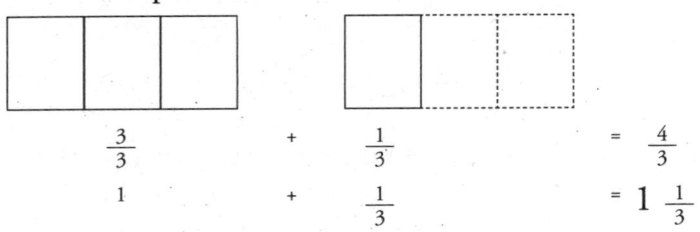

$$\frac{3}{3} + \frac{1}{3} = \frac{4}{3}$$
$$1 + \frac{1}{3} = 1\frac{1}{3}$$

▶ Pour transformer un nombre fractionnaire en fraction, on multiplie le dénominateur par l'entier et on additionne le numérateur.

Exemple : $3\frac{1}{4} = 3 \times 4 + 1 = \frac{13}{4}$

▶ Pour transformer une fraction en un nombre fractionnaire, on divise le numérateur par le dénominateur et on exprime le reste sous la forme d'une fraction.

Exemple :
$\frac{15}{4} = 15 \div 4 = 3$ reste 3, $= 3\frac{3}{4}$

1. Transforme ces nombres fractionnaires en fractions.

a) $1\frac{1}{2} =$ _____   b) $1\frac{3}{4} =$ _____   c) $2\frac{2}{3} =$ _____   d) $4\frac{2}{5} =$ _____

e) $5\frac{6}{7} =$ _____   f) $3\frac{8}{8} =$ _____   g) $5\frac{3}{10} =$ _____   h) $6\frac{3}{4} =$ _____

i) $10\frac{2}{3} =$ _____   j) $12\frac{11}{12} =$ _____   k) $11\frac{6}{7} =$ _____   l) $8\frac{13}{20} =$ _____

2. Transforme ces fractions en nombres fractionnaires.

a) $\frac{15}{4} =$ _____   b) $\frac{7}{2} =$ _____   c) $\frac{12}{4} =$ _____   d) $\frac{18}{4} =$ _____

e) $\frac{17}{6} =$ _____   f) $\frac{31}{6} =$ _____   g) $\frac{18}{5} =$ _____   h) $\frac{41}{7} =$ _____

i) $\frac{50}{8} =$ _____   j) $\frac{36}{8} =$ _____   k) $\frac{43}{9} =$ _____   l) $\frac{111}{10} =$ _____

3. Compare les expressions à l'aide des signes <, > ou = .

a) $1\frac{3}{4}$ _____ $\frac{6}{4}$ b) $\frac{15}{4}$ _____ $3\frac{3}{4}$ c) $\frac{7}{8}$ _____ $1\frac{1}{8}$ d) $2\frac{2}{3}$ _____ $\frac{7}{3}$

e) $\frac{15}{6}$ _____ 3 f) $5\frac{3}{4}$ _____ $\frac{4}{23}$ g) $\frac{30}{6}$ _____ $5\frac{1}{6}$ h) $\frac{48}{9}$ _____ $5\frac{4}{9}$

i) $5\frac{1}{4}$ _____ $\frac{20}{4}$ j) $\frac{98}{9}$ _____ $10\frac{8}{9}$ k) $7\frac{4}{9}$ _____ $\frac{51}{7}$ l) $\frac{38}{3}$ _____ 12

Fractions équivalentes

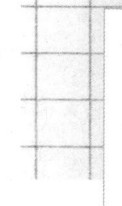

▶ Des fractions équivalentes sont des fractions qui représentent une même quantité, mais à l'aide de nombres différents.

Exemple :

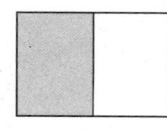

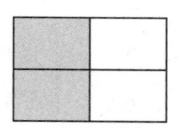

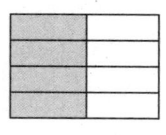

$$\frac{1}{2} = \frac{2}{4} = \frac{4}{8}$$

▶ On obtient des fractions équivalentes en multipliant ou en divisant le numérateur et le dénominateur par un même nombre.

1. Indique si les propositions suivantes sont vraies (V) ou fausses (F).

a) $\frac{3}{13} = \frac{13}{3}$ _____   b) $\frac{7}{9} = \frac{20}{27}$ _____   c) $\frac{8}{3} = \frac{32}{12}$ _____   d) $\frac{16}{48} = \frac{1}{3}$ _____

e) $\frac{27}{81} = \frac{4}{9}$ _____   f) $\frac{8}{9} = \frac{7}{8}$ _____   g) $\frac{75}{75} = \frac{35}{35}$ _____   h) $\frac{15}{30} = \frac{50}{100}$ _____

2. Encercle la fraction qui n'est pas équivalente aux autres.

a) $\frac{3}{24}, \frac{1}{8}, \frac{7}{56}, \frac{5}{32}, \frac{8}{64}$ b) $\frac{12}{28}, \frac{21}{49}, \frac{3}{7}, \frac{27}{63}, \frac{23}{56}$

c) $\frac{36}{48}, \frac{18}{24}, \frac{48}{72}, \frac{3}{4}, \frac{27}{36}$ d) $\frac{30}{75}, \frac{8}{20}, \frac{18}{30}, \frac{10}{25}, \frac{16}{40}$

3. Complète les égalités pour obtenir des propositions vraies.

a) $\frac{15}{20} = \frac{\Box}{60}$ b) $\frac{3}{\Box} = \frac{18}{24}$ c) $\frac{\Box}{21} = \frac{16}{42}$ d) $\frac{5}{20} = \frac{25}{\Box}$

e) $\frac{20}{30} = \frac{24}{\Box}$ f) $\frac{6}{8} = \frac{\Box}{100}$ g) $\frac{35}{\Box} = \frac{14}{42}$ h) $\frac{12}{\Box} = \frac{16}{24}$

4. Trouve une fraction équivalente :

a) à $\frac{3}{8}$ et dont le numérateur est 72 : _____

b) à $\frac{4}{7}$ et dont le numérateur est 16 : _____

c) supérieure à $\frac{1}{4}$ mais inférieure à $\frac{1}{3}$ et dont le dénominateur est 12 : _____

Réduction de fractions

▶ Une fraction est réduite quand on ne peut diviser son numérateur et son dénominateur par une même quantité, à l'exception de 1. On dit alors que ces deux nombres sont premiers entre eux.

Exemple :
$\dfrac{4 \text{ (a pour diviseurs 2 et 4)}}{9 \text{ (a pour diviseurs 3 et 9)}}$ { Il n'y a aucun diviseur commun (PGCD) à 4 et 9. La fraction $\dfrac{4}{9}$ est donc réduite ou irréductible.

1. Écris toutes les fractions irréductibles inférieures à l'unité qui ont :
   a) 7 au dénominateur : _____
   b) 12 au dénominateur : _____
   c) 15 au dénominateur : _____
   d) 20 au dénominateur : _____

2. Écris 3 fractions irréductibles qui ont :
   a) 2 au numérateur : _____
   b) 4 au numérateur : _____

3. Encercle les fractions irréductibles.

   a) $\dfrac{5}{7}, \dfrac{2}{14}, \dfrac{4}{9}, \dfrac{11}{44}, \dfrac{5}{8}$

   b) $\dfrac{13}{39}, \dfrac{7}{28}, \dfrac{6}{25}, \dfrac{8}{30}, \dfrac{3}{16}$

   c) $\dfrac{35}{100}, \dfrac{27}{100}, \dfrac{80}{100}, \dfrac{32}{100}, \dfrac{98}{100}$

   d) $\dfrac{96}{152}, \dfrac{87}{150}, \dfrac{37}{93}, \dfrac{125}{300}, \dfrac{111}{363}$

4. Trouve la fraction irréductible équivalente à chacune de ces fractions. Utilise le PGCD.

   a) $\dfrac{16}{20} =$ _____ b) $\dfrac{18}{27} =$ _____ c) $\dfrac{12}{30} =$ _____ d) $\dfrac{24}{30} =$ _____

   e) $\dfrac{24}{32} =$ _____ f) $\dfrac{28}{42} =$ _____ g) $\dfrac{42}{49} =$ _____ h) $\dfrac{26}{65} =$ _____

   i) $\dfrac{24}{72} =$ _____ j) $\dfrac{45}{75} =$ _____ k) $\dfrac{75}{275} =$ _____ l) $\dfrac{180}{300} =$ _____

Ordre et comparaison des fractions

On peut utiliser différentes stratégies pour comparer des fractions.

1) Si les dénominateurs sont identiques, comparer les numérateurs.

$$\text{Exemple :} \frac{3}{7} < \frac{4}{7}$$

2) Si les numérateurs sont identiques, comparer les dénominateurs : plus le dénominateur est grand, plus la fraction est petite.

$$\text{Exemple :} \frac{5}{7} > \frac{5}{9}$$

3) Comparer les fractions avec l'unité : toute fraction dont le numérateur est supérieur au dénominateur est supérieure à l'unité.

$$\text{Exemple :} \frac{10}{9} > \frac{7}{8}$$

4) Comparer les fractions avec $\frac{1}{2}$.

$$\text{Exemple :} \frac{5}{9} > \frac{3}{7}, \text{ car 5 est supérieur à la moitié de 9,}$$

alors que 3 est inférieur à la moitié de 7.

5) Lorsque les numérateurs sont inférieurs de 1 aux dénominateurs, comparer la fraction qui manque pour obtenir l'unité.

$$\text{Exemple :} \frac{7}{8} < \frac{9}{10}, \text{ car le } \frac{1}{8} \text{ qui manque pour obtenir 1}$$

dans la portion de gauche est supérieur au $\frac{1}{10}$ qui manque pour obtenir 1 dans la portion de droite.

6) Si aucune des stratégies précédentes ne convient, transformer les fractions en fractions équivalentes ayant un dénominateur commun.

$$\text{Exemples :} \frac{13}{20} < \frac{7}{10} < \frac{3}{4} < \frac{4}{5}, \text{ car } \frac{13}{20} < \frac{14}{20} < \frac{15}{20} < \frac{16}{20} ;$$

$$\frac{18}{24} < \frac{14}{16}, \text{ car } \frac{6}{8} < \frac{7}{8}$$

7) Comparer les fractions avec 0 : une fraction négative est inférieure à une fraction positive.

$$\text{Exemple :} -\frac{7}{8} < \frac{1}{5}$$

1. Compare les fractions à l'aide des signes > ou <.

   a) $\frac{3}{7}$ □ $\frac{2}{7}$ b) $\frac{3}{5}$ □ $\frac{3}{4}$ c) $\frac{8}{9}$ □ $\frac{5}{9}$ d) $\frac{10}{11}$ □ $\frac{10}{7}$

   e) $\frac{5}{15}$ □ $\frac{5}{17}$ f) $\frac{17}{20}$ □ $\frac{19}{20}$ g) $\frac{7}{10}$ □ $\frac{7}{8}$ h) $\frac{15}{50}$ □ $\frac{15}{100}$

2. Compare chaque fraction à $\frac{1}{2}$ à l'aide des signes < , > ou = .

   a) $\frac{3}{5}$ □ $\frac{1}{2}$ b) $\frac{3}{7}$ □ $\frac{1}{2}$ c) $\frac{4}{9}$ □ $\frac{1}{2}$ d) $\frac{7}{14}$ □ $\frac{1}{2}$

   e) $\frac{9}{19}$ □ $\frac{1}{2}$ f) $\frac{5}{11}$ □ $\frac{1}{2}$ g) $\frac{25}{50}$ □ $\frac{1}{2}$ h) $\frac{13}{25}$ □ $\frac{1}{2}$

3. Dans chaque série, encercle la plus grande fraction.

   a) $\frac{6}{7}, \frac{3}{2}, \frac{5}{6}$ b) $\frac{9}{10}, \frac{13}{15}, \frac{4}{3}$ c) $\frac{15}{20}, \frac{19}{25}, \frac{8}{7}$

   d) $\frac{4}{3}, \frac{9}{100}, \frac{38}{39}$ e) $\frac{27}{28}, \frac{28}{29}, \frac{29}{28}$ f) $\frac{3}{3}, \frac{33}{30}, \frac{30}{33}$

4. Compare les fractions en tenant compte de la fraction qui manque pour obtenir l'unité.

   a) $\frac{2}{3}$ □ $\frac{3}{4}$ b) $\frac{7}{8}$ □ $\frac{3}{4}$ c) $\frac{4}{5}$ □ $\frac{2}{3}$ d) $\frac{8}{9}$ □ $\frac{7}{8}$

   e) $\frac{9}{10}$ □ $\frac{14}{15}$ f) $\frac{14}{15}$ □ $\frac{11}{12}$ g) $\frac{19}{20}$ □ $\frac{4}{5}$ h) $\frac{99}{100}$ □ $\frac{49}{50}$

5. Place ces fractions en ordre croissant sans les mettre sous un dénominateur commun.

   a) $\frac{3}{7}, \frac{4}{9}, \frac{5}{4}$ b) $\frac{3}{2}, -\frac{1}{3}, \frac{1}{4}$ c) $\frac{9}{20}, \frac{21}{40}, \frac{7}{8}$

   _____   _____   _____

   d) $-\frac{5}{4}, \frac{4}{5}, \frac{5}{11}$ e) $\frac{9}{7}, \frac{7}{9}, \frac{4}{8}$ f) $-\frac{6}{3}, \frac{3}{2}, -\frac{5}{4}$

   _____   _____   _____

6. Trouve le plus petit dénominateur commun (ou PPCM) pour chaque groupe de fractions.

a) $\frac{2}{3}$, $\frac{3}{4}$, $\frac{7}{12}$

b) $\frac{2}{3}$, $\frac{3}{4}$, $\frac{4}{5}$

c) $\frac{3}{9}$, $\frac{2}{3}$, $\frac{5}{6}$

Le PPCM est _____.   Le PPCM est _____.   Le PPCM est _____.

d) $\frac{5}{12}$, $\frac{11}{36}$, $\frac{9}{24}$

e) $\frac{8}{25}$, $\frac{3}{10}$, $\frac{6}{5}$

f) $\frac{3}{7}$, $\frac{5}{8}$, $\frac{1}{4}$

Le PPCM est _____.   Le PPCM est _____.   Le PPCM est _____.

7. Compare ces fractions en les transformant d'abord en fractions équivalentes ayant un dénominateur commun.

a) $\frac{11}{15}$ ☐ $\frac{3}{5}$ b) $\frac{3}{8}$ ☐ $\frac{11}{24}$ c) $\frac{4}{9}$ ☐ $\frac{28}{36}$ d) $\frac{10}{12}$ ☐ $\frac{15}{18}$

e) $\frac{15}{27}$ ☐ $\frac{24}{36}$ f) $\frac{7}{15}$ ☐ $\frac{9}{20}$ g) $\frac{7}{15}$ ☐ $\frac{5}{12}$ h) $\frac{48}{108}$ ☐ $\frac{13}{36}$

8. Ces fractions sont placées en ordre croissant. Trouve une fraction qui peut s'insérer dans chacune de ces suites.

a) $-\frac{5}{5}$, _____, $-\frac{3}{5}$

b) $\frac{4}{6}$, _____, $\frac{5}{6}$

c) $\frac{8}{8}$, _____, $\frac{9}{8}$

d) $-\frac{1}{2}$, _____, $-\frac{1}{3}$

e) $-\frac{3}{4}$, _____, $-\frac{1}{2}$

f) $\frac{6}{10}$, _____, $\frac{7}{10}$

g) $2\frac{2}{5}$, _____, $2\frac{3}{5}$

h) $\frac{36}{8}$, _____, $4\frac{3}{4}$

i) $2\frac{1}{7}$, _____, $\frac{16}{7}$

9. Remplis les espaces à l'aide des nombres 2 et 3 seulement.

a) $\frac{\square}{5} > \frac{\square}{5}$

b) $-\frac{\square}{3} > -\frac{\square}{2}$

c) $\frac{3}{\square} = \frac{2}{\square}$

d) $\frac{\square}{3} < \frac{\square}{2}$

Puissance d'une fraction

Lorsqu'une fraction est élevée à un exposant, le numérateur et le dénominateur sont affectés par l'exposant.

Exemple :
$$\left(\frac{2}{3}\right)^2 = \frac{2^2}{3^2} = \frac{4}{9}$$

1. **Trouve les puissances.**

   a) $\left(\frac{1}{2}\right)^2 = $ _____   b) $\left(\frac{2}{3}\right)^2 = $ _____   c) $\left(\frac{3}{4}\right)^2 = $ _____   d) $\left(\frac{1}{3}\right)^3 = $ _____

   e) $\left(\frac{1}{2}\right)^5 = $ _____   f) $\left(\frac{2}{5}\right)^3 = $ _____   g) $\left(\frac{3}{3}\right)^3 = $ _____   h) $\left(\frac{2}{3}\right)^4 = $ _____

   i) $\left(\frac{7}{8}\right)^0 = $ _____   j) $\left(\frac{4}{5}\right)^2 = $ _____   k) $\left(\frac{9}{10}\right)^1 = $ _____   l) $\left(\frac{1}{2}\right)^6 = $ _____

2. **Trouve les exposants.**

   a) $\frac{2^\square}{3} = \frac{4}{9}$ _____   b) $\left(\frac{1}{5}\right)^\square = \frac{1}{125}$ _____   c) $\left(\frac{3}{4}\right)^\square = \frac{27}{64}$ _____   d) $\left(\frac{11}{12}\right)^\square = 1$ _____

   e) $\left(\frac{5}{6}\right)^\square = \frac{5}{6}$ _____   f) $\left(\frac{2}{5}\right)^\square = \frac{16}{625}$ _____   g) $\left(\frac{5}{6}\right)^\square = \frac{25}{36}$ _____   h) $\left(\frac{2}{7}\right)^\square = \frac{8}{343}$ _____

3. **Compare à l'aide des signes <, > et =.**

   a) $\left(\frac{1}{2}\right)^2$ _____ $\left(\frac{1}{2}\right)^3$ b) $\left(\frac{2}{3}\right)^2$ _____ $\left(\frac{3}{4}\right)^3$ c) $\left(\frac{1}{2}\right)^5$ _____ $\left(\frac{1}{3}\right)^4$

   d) $\left(\frac{7}{8}\right)^1$ _____ $\left(\frac{3}{4}\right)^0$ e) $\left(\frac{4}{5}\right)^2$ _____ $\left(\frac{2}{3}\right)^3$ f) $\left(\frac{99}{100}\right)^0$ _____ $\left(\frac{15}{16}\right)^0$

4. **Place les expressions suivantes en ordre décroissant.**

   a) $\left(\frac{1}{3}\right)^2, \left(\frac{1}{5}\right)^2, \left(\frac{1}{2}\right)^2$ b) $\left(\frac{3}{5}\right)^2, \left(\frac{1}{3}\right)^2, \left(\frac{1}{4}\right)^2$ c) $\left(\frac{9}{10}\right)^1, \left(\frac{3}{2}\right)^2, \left(\frac{2}{5}\right)^2$

   _____   _____   _____

   d) $\left(\frac{1}{3}\right)^2, \left(\frac{3}{2}\right)^3, \left(\frac{3}{4}\right)^2$ e) $\left(\frac{15}{16}\right)^1, \left(\frac{28}{29}\right)^0, \left(\frac{3}{4}\right)^2$ f) $\left(\frac{2}{5}\right)^3, \left(\frac{3}{5}\right)^2, \left(\frac{7}{25}\right)^1$

   _____   _____   _____

Addition et soustraction de fractions

- Lorsque des fractions ont le même dénominateur, il suffit d'additionner les numérateurs.

    Exemple :
    $$\frac{3}{7} + \frac{2}{7} = \frac{5}{7}$$

- Lorsque des fractions ont des dénominateurs différents, il faut d'abord les transformer en fractions équivalentes ayant le plus petit dénominateur commun. Ce dernier est le PPCM des différents dénominateurs.

    Exemple :
    $$\frac{1}{2} + \frac{3}{7} = \frac{7}{14} + \frac{6}{14} = \frac{13}{14}$$

- Il faut toujours donner pour réponse une fraction réduite.
- Pour additionner ou soustraire des nombres fractionnaires, on peut :
    1) les transformer d'abord en fractions :

    Exemple : $2\frac{1}{3} + 3\frac{1}{4} = \frac{7}{3} + \frac{13}{4} = \frac{28}{12} + \frac{39}{12} = \frac{67}{12}$

    2) additionner ou soustraire séparément la partie entière et la partie fractionnaire. Dans ce cas, il faut parfois emprunter un entier et le changer en fraction.

    Exemple : $3\frac{1}{2} - 1\frac{3}{4} = 3\frac{2}{4} - 1\frac{3}{4} = 2\frac{6}{4} - 1\frac{3}{4} = 1\frac{3}{4}$

1. **Additionne les fractions.**

    a) $\frac{2}{11} + \frac{1}{3} =$

    ___ + ___ =

    b) $\frac{2}{7} + \frac{5}{14} =$

    ___ + ___ =

    c) $\frac{1}{18} + \frac{5}{6} =$

    ___ + ___ =

    d) $\frac{8}{9} + \frac{1}{6} =$

    ___ + ___ =

    e) $\frac{5}{12} + \frac{1}{8} =$

    ___ + ___ =

    f) $\frac{4}{15} + \frac{2}{9} =$

    ___ + ___ =

2. **Trouve les différences.**

    a) $3 - \frac{2}{3} =$ _____

    b) $4 - \frac{3}{7} =$ _____

    c) $2 - \frac{2}{5} =$ _____

    d) $5 - \frac{4}{7} =$ _____

    e) $10 - \frac{8}{9} =$ _____

    f) $7 - \frac{5}{8} =$ _____

3. **Effectue les calculs.**

   a) $\frac{1}{2} + \frac{1}{3} + \frac{1}{4} = $ _____

   b) $\frac{7}{8} - \frac{1}{4} - \frac{1}{3} = $ _____

   c) $\frac{7}{12} - \frac{1}{4} + \frac{3}{2} = $ _____

   d) $2 - \frac{3}{5} + \frac{7}{10} = $ _____

4. **Trouve les sommes et les différences.**

   a) $3\frac{1}{2} + 6\frac{1}{4} = $ ____

   b) $7\frac{1}{2} - 3\frac{3}{4} = $ ____

   c) $8 - 6\frac{2}{7} = $ ____

   d) $9\frac{7}{9} - 2\frac{2}{3} = $ ____

   e) $8\frac{1}{6} + 7\frac{2}{3} = $ ____

   f) $5\frac{3}{4} + 4\frac{7}{16} = $ ____

   g) $3\frac{3}{7} + 1\frac{9}{14} - 3\frac{1}{2} = $ ____

   h) $4\frac{2}{3} - \frac{1}{2} + 3\frac{5}{6} = $ ____

   i) $7 - 1\frac{1}{3} + 3\frac{2}{9} = $ ____

5. **Trouve le terme manquant.**

   a) $7\frac{3}{8} - $ ____ $= 2\frac{1}{4}$

   b) ____ $- 3\frac{7}{8} = 2\frac{1}{2}$

   c) $6\frac{1}{4} + $ ____ $= 10$

   d) $10 - $ ____ $= 6\frac{8}{9}$

   e) $10\frac{7}{15} + $ ____ $= 20\frac{1}{3}$

   f) $8\frac{9}{16} - $ ____ $= 4\frac{1}{4}$

   g) $50\frac{4}{5} - $ ____ $= 43\frac{1}{3}$

   h) $20\frac{3}{4} + $ ____ $= 27\frac{1}{2}$

   i) $18\frac{1}{3} + $ ____ $= 25\frac{2}{7}$

Multiplication de fractions

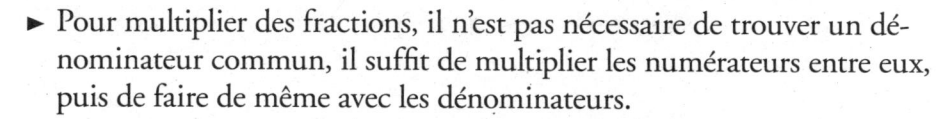

▶ Pour multiplier des fractions, il n'est pas nécessaire de trouver un dénominateur commun, il suffit de multiplier les numérateurs entre eux, puis de faire de même avec les dénominateurs.

Exemple : $\frac{1}{2} \times \frac{1}{3} = \frac{1}{6}$

▶ Pour éviter d'opérer avec de grands nombres et s'assurer d'obtenir une réponse réduite, on doit réduire avant de multiplier. On peut réduire n'importe quel numérateur avec n'importe quel dénominateur.

Exemple : $\frac{\cancel{3}^1}{\cancel{4}_1} \times \frac{\cancel{2}^{1}\cancel{8}^{1}}{\cancel{15}_{1}\cancel{3}} \times \frac{\cancel{5}^1}{\cancel{2}_1} = 1$

▶ Tout entier peut s'écrire sous la forme d'une fraction. Ainsi, $5 = \frac{5}{1}$.

Lorsqu'on multiplie une fraction et un entier, l'entier multiplie donc le numérateur.

Exemple : $\frac{5}{1} \times \frac{2}{3} = \frac{10}{3}$

▶ Pour multiplier des nombres fractionnaires, il faut d'abord les transformer en fractions.

Exemple : $1\frac{1}{2} \times 1\frac{1}{4} = \frac{3}{2} \times \frac{5}{4} = \frac{15}{8}$

1. **Trouve les produits.**

    a) $\frac{3}{8} \times 4 =$ _____ b) $5 \times \frac{3}{15} =$ _____ c) $\frac{2}{3} \times 18 =$ _____

    d) $100 \times \frac{3}{5} =$ _____ e) $75 \times \frac{3}{5} =$ _____ f) $64 \times \frac{3}{8} =$ _____

2. **Trouve les produits.**

    a) $\frac{1}{2} \times \frac{6}{5} =$ _____ b) $\frac{2}{3} \times \frac{15}{4} =$ _____ c) $\frac{7}{8} \times \frac{16}{21} =$ _____

    d) $\frac{3}{2} \times \frac{4}{3} =$ _____ e) $\frac{18}{24} \times \frac{3}{2} =$ _____ f) $\frac{2}{3} \times \frac{15}{25} \times \frac{50}{45} =$ _____

3. **Trouve les produits.**

    a) $2\frac{1}{2} \times \frac{3}{5} =$ _____ b) $1\frac{5}{4} \times 2\frac{2}{3} =$ _____ c) $3\frac{1}{4} \times \frac{8}{3} =$ _____

    d) $\frac{3}{5} \times 6\frac{1}{3} =$ _____ e) $2\frac{1}{2} \times 3\frac{1}{5} =$ _____ f) $\frac{1}{2} \times 2\frac{2}{3} \times 1\frac{2}{4} =$ _____

Fractions / **65**

Division de fractions

- Toute fraction a un **inverse** tel que le produit d'une fraction et de son inverse est égal à 1.

    Exemple :
    $\frac{5}{3}$ est l'inverse de $\frac{3}{5}$ puisque $\frac{5}{3} \times \frac{3}{5} = 1$

    Tout entier peut s'écrire sous la forme d'une fraction :
    $3 = \frac{3}{1}$. Donc $\frac{1}{3}$ est l'inverse de 3.

- Diviser un nombre par une fraction, c'est le multiplier par son inverse.

    Exemples :
    $15 \div \frac{3}{4} = 15 \times \frac{4}{3} = 20$; $\frac{1}{4} \div 3 = \frac{1}{4} \times \frac{1}{3} = \frac{1}{12}$

- Lorsqu'on divise des nombres fractionnaires, il faut d'abord les transformer en fractions.

    Exemple :
    $7\frac{3}{4} \div 1\frac{1}{4} = 3\frac{1}{4} \div \frac{5}{4} = \frac{31}{4} \times \frac{4}{5} = \frac{31}{5}$

1. **Trouve les quotients.**

    a) $\frac{1}{2} \div \frac{1}{4} =$ _____   b) $\frac{2}{3} \div \frac{1}{2} =$ _____   c) $\frac{3}{5} \div \frac{1}{7} =$ _____   d) $\frac{1}{2} \div \frac{3}{4} =$ _____

    e) $\frac{3}{7} \div \frac{3}{4} =$ _____   f) $\frac{6}{8} \div 3 =$ _____   g) $5 \div \frac{10}{11} =$ _____   h) $\frac{7}{16} \div \frac{3}{4} =$ _____

    i) $\frac{3}{4} \div \frac{1}{8} =$ _____   j) $6 \div \frac{3}{4} =$ _____   k) $\frac{3}{4} \div 6 =$ _____   l) $\frac{1}{2} \div \frac{3}{8} =$ _____

2. **Trouve les quotients.**

    a) $2\frac{1}{2} \div \frac{1}{2} =$ _____   b) $3\frac{3}{4} \div \frac{3}{4} =$ _____   c) $5\frac{1}{6} \div 2 =$ _____

    d) $1\frac{1}{3} \div \frac{1}{6} =$ _____   e) $4\frac{5}{6} \div 2 =$ _____   f) $3 \div 1\frac{1}{2} =$ _____

    g) $5\frac{3}{8} \div 1\frac{1}{4} =$ _____   h) $6\frac{3}{4} \div 2\frac{1}{2} =$ _____   i) $10 \div 2\frac{1}{2} =$ _____

3. **Résous les multiplications et les divisions en une seule opération.**

    a) $\frac{10}{15} \times \frac{3}{2} \div \frac{5}{3} =$ _____   b) $2\frac{1}{2} \div \frac{1}{2} \times 1\frac{2}{5} =$ _____   c) $1\frac{1}{3} \div \frac{1}{6} \times 1\frac{1}{8} =$ _____

4. Effectue les chaînes d'opérations.

a) $5\frac{4}{7} + 4\frac{1}{2} \times (\frac{1}{3})^2 =$ _____

b) $(\frac{2}{3})^3 \div (\frac{1}{3} + \frac{5}{9}) =$ _____

c) $2\frac{1}{6} + 4\frac{1}{4} \div 6\frac{3}{8} =$ _____

d) $2\frac{4}{9} \div 2\frac{1}{5} + (2\frac{2}{3} - 3\frac{1}{9}) =$ _____

e) $5\frac{1}{4} \div \frac{2}{3} \times 2\frac{2}{7} =$ _____

f) $(\frac{3}{8})^2 + \frac{15}{16} \times \frac{1}{3} \div \frac{1}{2} =$ _____

g) $(8\frac{1}{4} - 6\frac{2}{3}) \div \frac{19}{29} =$ _____

h) $3 + 7\frac{3}{13} \times 6\frac{1}{2} - \frac{2}{3} =$ _____

i) $4\frac{1}{3} + 4\frac{4}{7} \times (\frac{1}{4})^2 =$ _____

j) $15 \div \frac{5}{3} - 5 \times \frac{2}{8} \times \frac{3}{5} =$ _____

k) $(6\frac{3}{4} - \frac{7}{8}) \div (2\frac{3}{4} - \frac{3}{2}) =$ _____

l) $\left(\frac{(2)^2}{(3)^2} + \frac{2}{3}\right) \div \frac{6}{15} =$ _____

m) $[(-\frac{3}{4})^1 + (\frac{1}{2})^2 - (-\frac{1}{6})^2] + (\frac{1}{3})^1 + (-2)^0 =$ _____

n) $(\frac{1}{4} + -\frac{7}{2}) - (\frac{6}{7} \times -\frac{14}{9}) \div (-\frac{1}{4} \div \frac{3}{-2}) =$ _____

Problèmes (les fractions)

1. Une secrétaire considère qu'un huitième de son temps de travail est occupé à répondre au téléphone, le tiers à imprimer des documents, le quart à écrire des documents sur son ordinateur, le sixième à recevoir les clients et le reste à effectuer des recherches sur Internet. Quelle fraction de son temps consacre-t-elle aux recherches sur Internet?

   Démarche :

   Réponse :

2. Un expert enquête sur la circulation automobile sur un pont. Il constate que les $\frac{7}{15}$ des véhicules sont occupés par un seul passager, que les $\frac{7}{30}$ contiennent 2 passagers, que $\frac{1}{6}$ transporte plus de 2 passagers et que le reste est constitué de véhicules commerciaux. Quelle fraction des véhicules circulant sur ce pont sont des véhicules commerciaux?

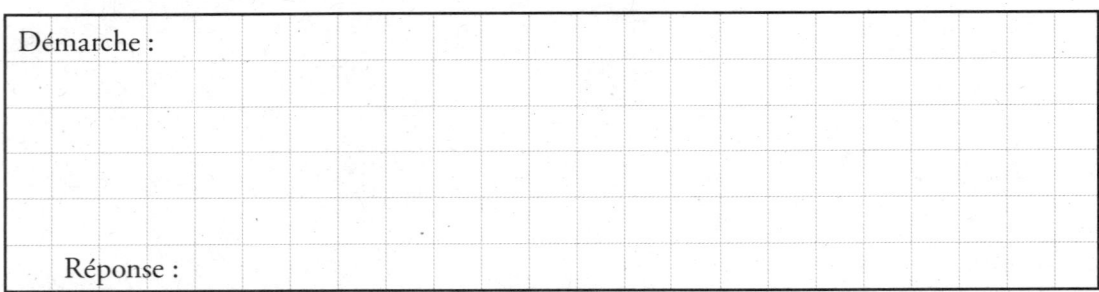

   Démarche :

   Réponse :

3. Des amis partent en randonnée à bicyclette. Ils roulent d'abord pendant 1 heure $\frac{1}{2}$, font une pause de 20 minutes, roulent à nouveau pendant 1 heure $\frac{3}{4}$, s'arrêtent 45 minutes pour manger et roulent encore 3 heures $\frac{1}{4}$ pour revenir à leur point de départ. Combien d'heures leur excursion a-t-elle duré?

   Démarche :

   Réponse :

4. Avant une randonnée à bicyclette, l'organisateur achète un contenant de 20 litres d'eau avec lequel il remplira les bouteilles individuelles des cyclistes. Ces petites bouteilles peuvent contenir un tiers de litre d'eau. S'il y a 15 cyclistes, combien de fois chaque athlète pourra-t-il faire remplir sa bouteille?

Démarche :

Réponse :

5. Un agriculteur consacre les $\frac{5}{16}$ de ses champs à la culture du blé et les $\frac{3}{8}$ à la culture du maïs. Le reste est partagé également entre la culture de la pomme de terre et celle des choux. Quelle fraction de ses terres cet agriculteur consacre-t-il à la culture de la pomme de terre ?

Démarche :

Réponse :

6. Ayant gagné 150 000 $ à la loterie, un couple décide de conserver le tiers de cette somme et de répartir le reste également entre ses trois enfants. L'aîné des trois décide de partager également sa part entre ses deux enfants. Quelle fraction du montant initial chacun de ces deux enfants recevra-t-il ?

Démarche :

Réponse :

7. Dans une école, les $\frac{5}{8}$ des élèves ne sont pas d'origine québécoise. Parmi ceux-ci, les $\frac{2}{5}$ sont d'origine asiatique. Quelle fraction des élèves de cette école sont d'origine asiatique ?

Démarche :

Réponse :

NOMBRES DÉCIMAUX

Notation décimale

▶ Une fraction peut s'écrire à l'aide du système de numération en base 10. Dans ce cas, on se sert d'une virgule : la partie entière s'écrit à gauche de la virgule et la partie fractionnaire, à droite. Comme c'est toujours le cas en base 10, chaque position est 10 fois inférieure à celle qui est immédiatement à sa gauche.

Exemple : 14, 358

	1	4,	3	5	8
Positions	dizaines	unités	dixièmes	centièmes	millièmes
Valeur	10	+ 4	+ 0,3	+ 0,05	+ 0,008
Forme développée	1×10^1	$+ 4 \times 10^0$	$+ 3 \times 10^{-1}$	$+ 5 \times 10^{-2}$	$+ 8 \times 10^{-3}$

On peut dire du nombre 14,358 qu'il contient au total 1 dizaine, 14 unités, 143 dixièmes, 1 435 centièmes ou 14 358 millièmes.

1. Écris les fractions suivantes sous forme de nombres décimaux.

a) sept dixièmes : _____   b) huit centièmes : _____

c) deux millièmes : _____   d) dix-sept millièmes : _____

e) dix et trois centièmes : _____   f) cent deux centimètres : _____

2. Écris le nombre qui correspond à chaque développement.

a) $4 \times 10^3 + 5 \times 10^0 + 7 \times 10^{-2} =$ _____

b) $5 \times 10\,000 + 5 \times 10 + 5 \times 1/100 + 1 \times 1/10\,000 =$ _____

c) $8 \times 10^6 + 7 \times 10^3 + 2 \times 10^1 + 6 \times 10^{-2} + 4 \times 10^{-4} =$ _____

3. Dans le nombre 486 245,156, combien au total compte-t-on :

a) de centaines? _____   b) d'unités? _____

c) de dixièmes? _____   d) de millièmes? _____

4. a) Quel nombre contient exactement 251 dixièmes? _____

b) Quel nombre se compose de 17 dizaines et 17 dixièmes? _____

Nombre décimal et fraction décimale

▶ Une fraction décimale est une fraction dont le dénominateur est une puissance de 10.

Exemples : $\frac{3}{10^0} = \frac{3}{1} = 3$; $\frac{7}{10^1} = \frac{7}{10}$; $\frac{9}{10^2} = \frac{9}{100}$; $\frac{237}{10^3} = \frac{237}{1\,000}$

▶ Lorsqu'un nombre écrit en notation décimale comprend une partie décimale finie, on l'appelle un nombre décimal et on peut l'écrire sous la forme d'une fraction décimale.

Exemples : $0,35 = \frac{35}{100}$; $1,017 = \frac{1\,017}{1\,000}$

▶ Si un nombre écrit en notation décimale comprend une partie décimale infinie, on ne peut l'écrire sous la forme d'une fraction décimale et on ajoute des points de suspension pour indiquer que la partie décimale n'est pas complète.

Exemple : 3,1416…

▶ Un nombre décimal peut être transformé en fraction décimale, puis en fraction réduite.

Exemple : $1,25 = \frac{125 \div 25}{100 \div 25} = \frac{5}{4}$

▶ Lorsque le dénominateur d'une fraction n'est pas une puissance de 10, on peut :

1) trouver une fraction équivalente dont le dénominateur est une puissance de 10 :

Exemples :
$\frac{1 \times 25}{4 \times 25} = \frac{25}{100} = 0,25$; $\frac{3 \times 125}{8 \times 125} = \frac{375}{1\,000} = 0,375$

2) diviser le numérateur par le dénominateur : $\frac{5}{7} = 5 \div 7 \approx 0,714…$

1. Exprime les fractions décimales en nombres décimaux.

a) $\frac{7}{100} =$ _____   b) $\frac{37}{100} =$ _____   c) $\frac{8}{10} =$ _____   d) $\frac{43}{1\,000} =$ _____

e) $\frac{151}{10} =$ _____   f) $\frac{17}{100} =$ _____   g) $\frac{1\,539}{1\,000} =$ _____   h) $\frac{147}{100} =$ _____

2. Exprime les nombres décimaux en fractions décimales.

   a) 0,035 = _____   b) 0,9 = _____   c) 1,8 = _____

   d) 0,75 = _____   e) 10,07 = _____   f) 8,022 = _____

   g) 5,5 = _____   h) 1,25 = _____   i) 2,005 = _____

3. Exprime les nombres décimaux sous la forme d'une fraction réduite.

   a) 0,5 = _____   b) 0,15 = _____   c) 0,035 = _____

   d) 1,8 = _____   e) 3,04 = _____   f) 2,8 = _____

   g) 10,02 = _____   h) 0,85 = _____   i) 2,005 = _____

4. Transforme ces fractions en fractions décimales, puis en nombre décimal.

   a) $\frac{1}{2}$ = _____ = _____   b) $\frac{7}{20}$ = _____ = _____

   c) $\frac{3}{4}$ = _____ = _____   d) $\frac{3}{25}$ = _____ = _____

   e) $\frac{17}{50}$ = _____ = _____   f) $\frac{11}{5}$ = _____ = _____

5. Transforme ces fractions en notations décimales en divisant le numérateur par le dénominateur. Arrondis le résultat au centième près.

   a) $\frac{1}{11}$ = _____   b) $\frac{1}{3}$ = _____   c) $\frac{5}{6}$ = _____

   d) $\frac{3}{7}$ = _____   e) $\frac{2}{9}$ = _____   f) $\frac{3}{13}$ = _____

6. Compare à l'aide des signes $<$, $>$ et $=$.

   a) 0,15 ☐ $\frac{1}{5}$ b) 0,7 ☐ $\frac{3}{5}$ c) $-\frac{7}{8}$ ☐ $-0,875$

   d) $\frac{3}{4}$ ☐ 0,075   e) $-0,3$ ☐ $-\frac{1}{3}$ f) 0,37 ☐ $\frac{9}{25}$

   g) 0,45 ☐ $\frac{7}{20}$ h) $\frac{5}{9}$ ☐ 0,49   i) 3,7 ☐ $\frac{7}{2}$

Nombre décimal et droite numérique

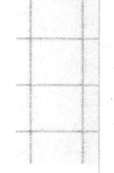

▶ Pour situer un nombre décimal sur une droite numérique, il faut :
1) repérer deux nombres de cette droite et calculer la différence qui les sépare ;
2) dénombrer les espaces isométriques qui séparent ces deux nombres ;
3) diviser la quantité obtenue en 1) par le nombre d'espaces calculé en 2) afin de trouver le pas de graduation, c'est-à-dire la quantité représentée par chaque division.

Exemples :

a) $2 - 1 = 1$; $1 \div 10 = 0{,}1$; le pas de graduation est 0,1.

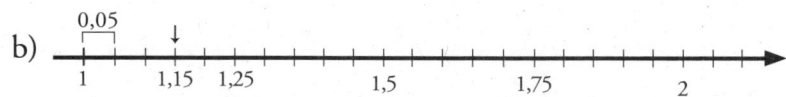

b) $1{,}25 - 1 = 0{,}25$; $0{,}25 \div 5 = 0{,}05$; le pas de graduation est 0,05.

1. Pour chacune de ces droites, détermine le pas de graduation.

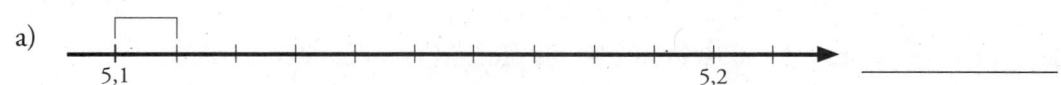

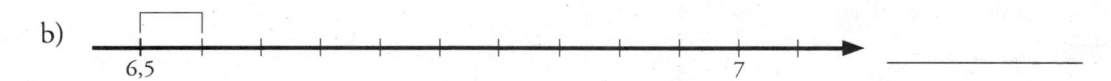

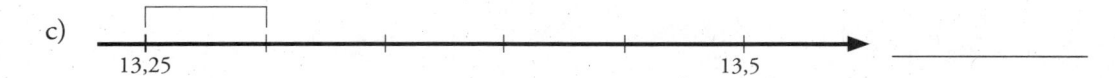

a) 5,1 ... 5,2 _____

b) 6,5 ... 7 _____

c) 13,25 ... 13,5 _____

d) 10 ... 11,25 _____

2. Détermine le nombre décimal indiqué par la flèche.

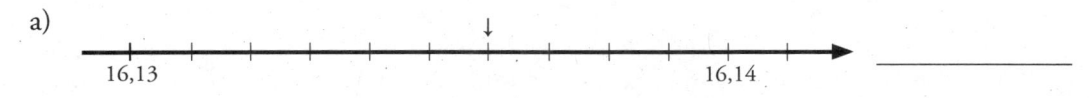

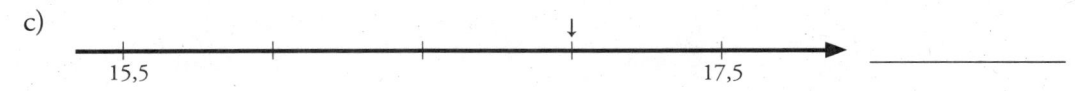

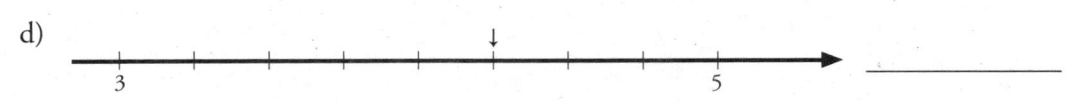

a) 16,13 ... 16,14 _____

b) 7,5 ... 7,7 _____

c) 15,5 ... 17,5 _____

d) 3 ... 5 _____

Ordre et comparaison de nombres décimaux

▶ Pour comparer des nombres décimaux, il faut comparer d'abord les nombres qui occupent les plus grandes positions :
   Exemples :
   3̲1,11 > 2̲9,99 ; 3,0̲9 < 3,1̲1

▶ Si on doit comparer la partie fractionnaire seulement, il vaut mieux égaliser le nombre de positions après la virgule ; c'est alors comme comparer des fractions ayant le même dénominateur.
   Exemple :
   0,01   < 0,0101 < 0,1   < 0,11 parce que
   0,0̲1̲0̲0̲ < 0,01̲0̲1̲ < 0,1̲0̲0̲0̲ < 0,1̲1̲0̲0̲

1. **Compare les nombres décimaux à l'aide des signes <, > ou =.**

   a) 0,37 _____ 0,037   b) 1,1 _____ 1,01   c) 0,22 _____ 0,202

   d) 0,0101 _____ 0,01   e) 5,35 _____ 5,4   f) 0,330 _____ 0,33

2. **Transcris ces nombres décimaux en les plaçant en ordre décroissant.**

   a) 0,808 ; 0,08 ; 0,088 ; 0,008 ; 0,88

   _____

   b) −0,11 ; 0,01 ; 1,101 ; −0,01 ; 1,001

   _____

3. **Dans chaque ensemble, encercle le plus petit nombre.**

   a) 8,08 ; 0,888 ; −80,08 ; −0,8   b) 0,15 ; 0,015 ; 0,1515 ; 0,0015

   c) 4,05 ; 4,55 ; 4,04 ; 4,44   d) 10,1 ; 10,11 ; 10,011 ; 10,0001

4. **Écris tous les nombres ayant 3 chiffres dans la partie fractionnaire et qui sont situés entre 3,15 et 3,16.**

   _____

Arrondissement d'un nombre décimal

▶ Arrondir, c'est substituer à une valeur numérique une valeur approchée, sans décimale et avec un nombre entier de dizaines, de centaines, etc.

▶ Pour arrondir un nombre décimal, on procède comme suit :
1) on souligne la position à laquelle on veut arrondir ;
2) on considère le chiffre placé à droite de cette position ;
si le chiffre est 4, 3, 2, 1 ou 0, on remplace par des zéros tous les chiffres situés à droite de la position soulignée ;
si ce chiffre est 5, 6, 7, 8 ou 9, on remplace par des zéros tous les chiffres situés à droite et on ajoute 1 à la position soulignée.

Exemple :
Arrondi au centième, 45,6_25 devient 45,630.

1. Arrondis les nombres décimaux à la position demandée.

	à la dizaine	au dixième	à l'unité
a) 346,0199			
b) 546,526			
c) 309,645			

2. Arrondis les nombres décimaux à la position demandée.

	au millième	au dixième	au dix-millième
a) 5, 645 39			
b) 18, 765 65			
c) 119,039 43			

3. Écris tous les nombres décimaux qui n'ont qu'un chiffre à la partie fractionnaire et qu'on peut arrondir à 5.

_____

4. Écris tous les nombres décimaux qui ont 3 chiffres à la partie fractionnaire et qu'on peut arrondir à 3,25.

_____

5. Karim va au marché. Il achète 3 paquets de carottes à 1,29 $ chacun, 2 laitues à 1,79 $ chacune, 3 kg de tomates à 1,69 $ le kilo et 6 concombres qui se vendent en paquets de 2 à 0,89 $ le paquet. Arrondis les prix et trouve la valeur approximative de ses achats.

_____

Nombres décimaux / 75

Addition et soustraction de nombres décimaux

Pour additionner ou soustraire des nombres décimaux, il suffit d'aligner correctement les virgules de façon à opérer sur les chiffres occupant une même position. Pour faciliter le travail, on peut mettre des zéros aux positions inoccupées.

$$\begin{array}{r} 4,9876 \\ + 3,0200 \\ \hline 8,0076 \end{array} \qquad \begin{array}{r} 5,000 \\ - 3,657 \\ \hline 1,343 \end{array}$$

Exemples :

Aucune opération ne peut être effectuée avec des nombres possédant un nombre infini de décimales.

1. **Trouve les sommes et les différences.**

   a) −20,5 + 12,8 = _____   b) 5 − 3,099 = _____   c) 11,011 + 19,9999 = _____

   d) 18,1 − 6,45 = _____   e) −46,005 − 17,9 = _____   f) 6 000 − 398,099 = _____

   g) −100,6 + 39,9 = _____   h) 1 001 − 698,05 = _____   i) −5,095 + 7 = _____

2. **Trouve les termes manquants.**

   a) −5,95 + _____ = −512,08   b) −7,07 + _____ = 15,15   c) 25,005 − _____ = −2,05

   d) 30,1 + _____ = 9,9   e) _____ + 6,005 = 7   f) _____ − 13,035 = 8,6

   g) 40,1 − _____ = −1,09   h) 100 − _____ = 39,007   i) −58,02 − _____ = −79,725

Multiplication de nombres décimaux

▶ Pour multiplier des nombres décimaux, il n'est pas nécessaire d'aligner les virgules.

On multiplie les termes comme s'il n'y avait pas de virgules. À la fin, dans la réponse, on place la virgule de façon qu'il y ait autant de chiffres après la virgule qu'il y en a dans les deux facteurs.

Il est toujours bon de chercher la valeur approximative du résultat en arrondissant les facteurs à l'unité.

Exemple : 5,05 × 1,5 ≈ 5 × 2 = 10

1. Place la virgule au bon endroit dans les produits.

a) 2,5 × 4,2 = 105

b) 5,04 × 5,05 = 25 452

c) 10,2 × 6,006 = 612 612

d) 1,14 × 1,05 = 1 197

e) 100,05 × 2,2 = 22 011

f) 25,2 × 10,06 = 253 512

2. Trouve les produits.

a) 45,05
 × 3,02

b) 137,8
 × −0,72

c) −0,75
 × −0,68

d) −15,6
 × 9,3

e) 7,38
 × 50

f) −8,31
 × 6,04

g) −0,2
 × −0,007

h) 4,33
 × 2,08

3. Compare à l'aide des signes <, > et =.

a) 1,5 × 10 ☐ 0,15 × 100

b) 3,4 × −0,3 ☐ −1,7 × 0,6

c) −7,15 × 0,05 ☐ $\frac{1}{5}$ × −1,75

d) 3,05 × 1 000 ☐ 35 × 10²

Division de nombres décimaux

▶ Avant d'effectuer une division de nombres décimaux, il est important d'estimer le résultat en isolant la partie entière.

   Exemple :
   15,005 ÷ 3,25 ; résultat estimé : 5, car 15 ÷ 3 = 5.

▶ Pour faciliter le travail de division, il faut éliminer la virgule au diviseur. On y arrive en multipliant les deux nombres par une même quantité.

   Exemple :
   $$\frac{15,005}{3,25} \times \frac{\times 100}{\times 100} = \frac{1\,500,5}{325}$$

▶ On effectue ensuite la division en commençant par la partie entière. Lorsqu'on a divisé la partie entière, on insère la virgule dans la réponse et on poursuit jusqu'au nombre de décimales désiré.

Exemple : 15,005 ÷ 3,25

```
1 5 0 0, 5  | 325
1 3 0 0       4,615
  2 0 0 5
  1 9 5 0
    5 0 0          On ajoute un 0 pour obtenir
    3 2 5          des centièmes.
    1 7 5 0        On ajoute un 0 pour obtenir
    1 6 2 5        des millièmes à la réponse.
      1 2 5
```

1. **Estime le résultat des divisions suivantes.**

   a) 15,02 ÷ 3,05   b) 130,09 ÷ 10,007   c) 7,014 ÷ 14,028   d) 46,08 ÷ 15,4
   = _____   = _____   = _____   = _____

   e) 103,05 ÷ 0,75   f) −90,01 ÷ 15,55   g) −100,04 ÷ −5,25   h) 68,35 ÷ −2,019
   = _____   = _____   = _____   = _____

2. **Estime le résultat des divisions suivantes et mets la virgule au bon endroit dans le quotient.**

   a) 7,5 ÷ 1,05 = 7 875   b) −48,48 ÷ 2,4 = −202   c) 7,5 ÷ 0,5 = 150

   d) 12,21 ÷ −3,7 = − 330   e) 25,05 ÷ 1,5 = 1 670   f) 167,75 ÷ −5,5 = −305

78 / 3R Mathématique

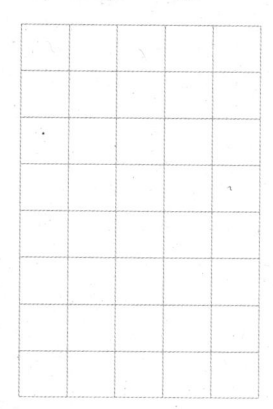

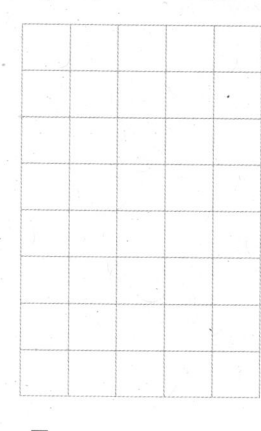

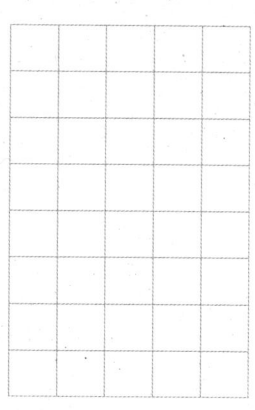

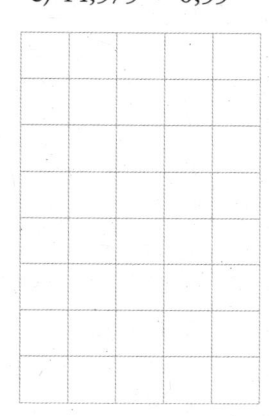

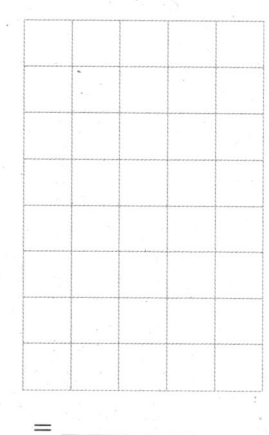

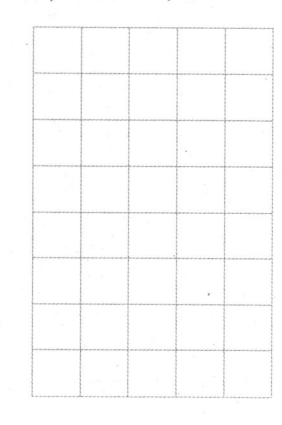

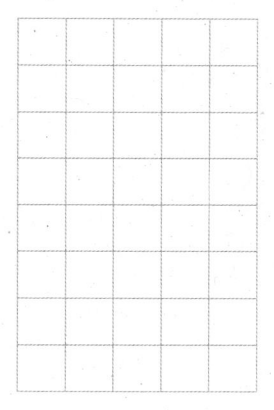

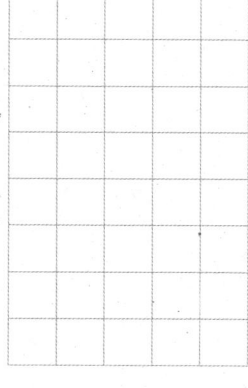

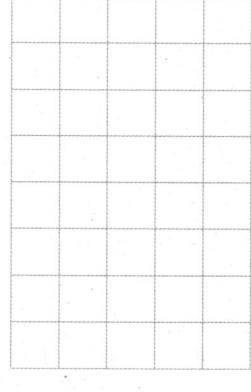

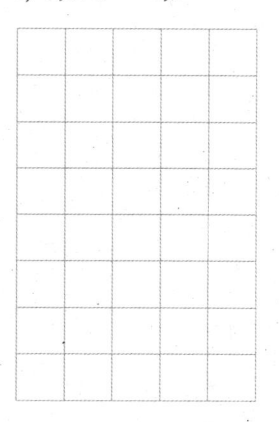

3. Trouve les quotients.

a) 268,8 ÷ 4,8

= _____

b) 268,8 ÷ 0,48

= _____

c) 26,88 ÷ −4,8

= _____

d) 2,688 ÷ 0,48

= _____

e) 14,575 ÷ 0,55

= _____

f) −115,5 ÷ 0,385

= _____

g) 168,75 ÷ 3,75

= _____

h) 305 ÷ 0,05

= _____

i) 6,5 ÷ 0,013

= _____

j) −7,7 ÷ 0,11

= _____

k) 0,064 ÷ −0,08

= _____

l) 0,075 ÷ 1,5

= _____

4. Effectue les chaînes d'opérations suivantes.

a) $0,05 \div 0,005 - 1,5 \times 100$

b) $(4,5 + 3,6 \times -2,4) - (9,07 + 13 \div 0,65)$

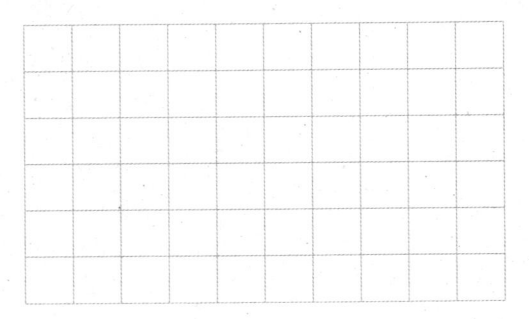

c) $1,64 \div 0,02 \times (-3,6 + -1,4)$

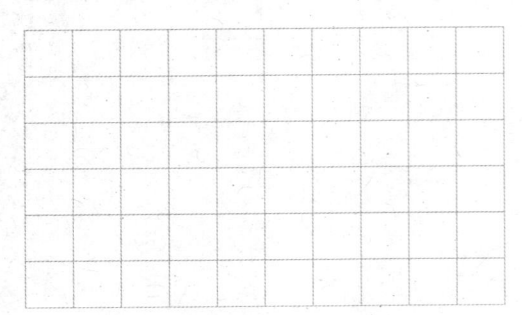

d) $(-5,8 + 2,84) \times 1,22$

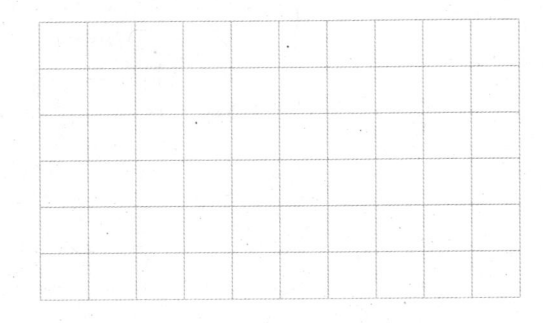

e) $1,84 \div 0,02 \times (5,4 - 1,8)$

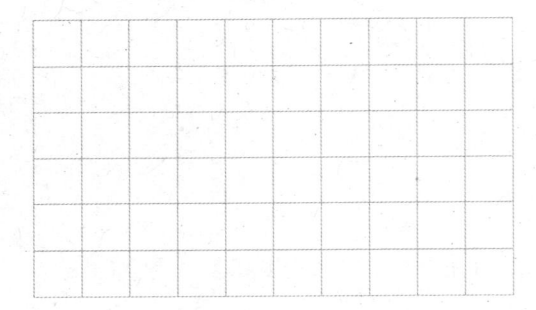

f) $7,5 - [5 - 2,5 \times (1,3 - 0,9)]$

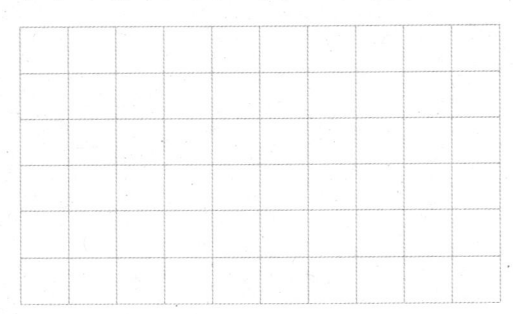

g) $-7,6 + (-0,8)^2 \times 9,1$

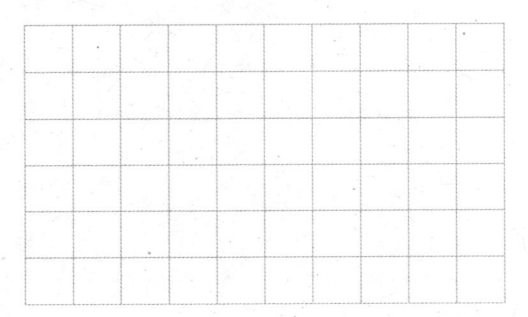

h) $8,5 - [5 - 7,5 \times (-1,2 - 0,8)]$

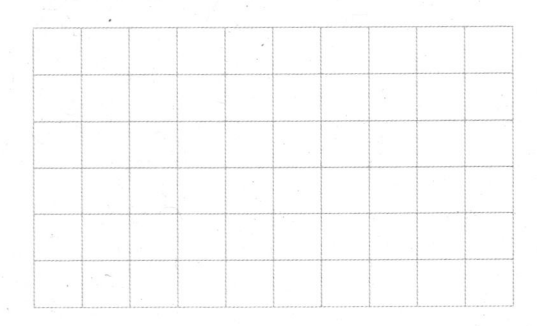

Problèmes (les nombres décimaux)

1. Des élèves ont participé à une marche qui avait pour but d'amasser des fonds pour les activités de leur école. Leurs commanditaires leur ont donné 0,75 $ pour chaque kilomètre de marche. À la fin de l'activité, ils avaient amassé 326,25 $.

   a) Combien de kilomètres ont-ils parcourus tous ensemble ?
   b) Combien de kilomètres de plus auraient-ils dû parcourir pour atteindre un total de 500,00 $?

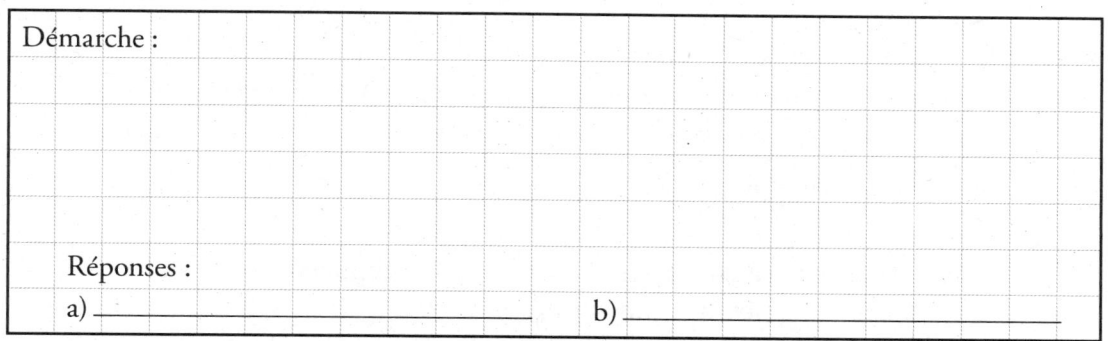

   Démarche :

   Réponses :
   a) _____ b) _____

2. Un groupe d'amis installent un comptoir de limonade. Ils achètent 12 douzaines d'oranges à 1,79 $ la douzaine, 4 douzaines de citrons qui se vendent 0,99 $ pour 3, 4 kilogrammes de sucre à 2,89 $ la boîte de 2, 6 paquets de gobelets de carton à 0,99 $ pour 2 paquets.

   a) Si, à la fin de la journée, ils ont vendu 250 gobelets à 0,89 $ le gobelets, quel sera leur profit ?
   b) Quel est le profit obtenu sur la vente de chaque verre ?

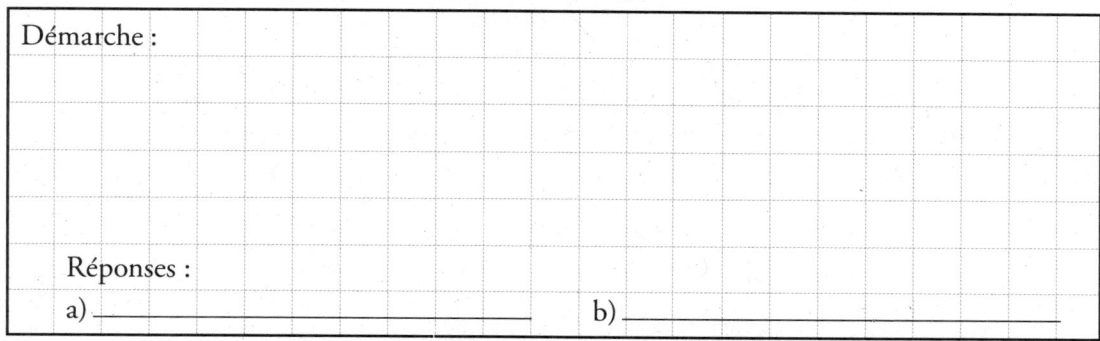

   Démarche :

   Réponses :
   a) _____ b) _____

3. Un pot de confiture de framboises de 250 g se vend 3,75 $. Un pot de confiture de fraises de 375 g se vend 4,94 $. Laquelle de ces deux confitures coûte le moins cher au gramme ?

   Démarche :

   Réponse : _____

POURCENTAGE

Pourcentage

▶ Toute fraction dont le dénominateur est 100 peut être exprimée sous la forme d'un pourcentage où le symbole % (pour cent) remplace le trait de fraction et le dénominateur 100.

Exemple : $\frac{3}{100} = 3\,\%$

▶ Pour transformer une fraction en pourcentage, il suffit de la transformer en une fraction équivalente ayant 100 au dénominateur.

Exemple : $\frac{3}{20} \times \frac{5}{5} = \frac{15}{100} = 15\,\%$

▶ Pour transformer un nombre décimal en pourcentage, il suffit de considérer combien de centièmes il contient.

Exemples :
$0{,}15 = \frac{15}{100} = 15\,\%$; $0{,}125 = \frac{12{,}5}{100} = 12{,}5\,\%$

▶ Si le dénominateur d'une fraction ne peut être transformé en un multiple de 10, on divise le numérateur par le dénominateur. On obtient alors un nombre décimal qu'on peut transformer en pourcentage.

Exemple :
$\frac{1}{9} \rightarrow 1 \div 9 \approx 0{,}111\ldots \approx 11{,}1\,\%$

Lorsque la réponse contient un nombre infini de décimales, on ne peut utiliser le symbole =, on le remplace par le symbole ≈, qui signifie « approximativement égal ».

1. Transforme ces fractions décimales en pourcentages.

a) $\frac{7}{10} =$ _____

b) $\frac{85}{100} =$ _____

c) $\frac{750}{1\,000} =$ _____

d) $\frac{9}{100} =$ _____

e) $\frac{750}{10\,000} =$ _____

f) $\frac{30}{10} =$ _____

g) $\frac{350}{100} =$ _____

h) $\frac{45}{1\,000} =$ _____

2. Transforme ces nombres décimaux en pourcentages.

   a) 0,09 = _____   b) 0,6 = _____   c) 0,875 = _____   d) 1,5 = _____

   e) 2,05 = _____   f) 0,085 = _____   g) 0,87 = _____   h) 0,0035 = _____

3. Transforme d'abord ces fractions en nombres décimaux, puis en pourcentages.
   Utilise le symbole = ou ≃, selon le cas.
   Exemple : $\frac{1}{7} \simeq 0{,}143 \simeq 14{,}3\ \%$

   a) $\frac{3}{8}$ _____ _____   b) $\frac{1}{9}$ _____ _____   c) $\frac{4}{7}$ _____ _____

   d) $\frac{5}{11}$ _____ _____   e) $\frac{7}{8}$ _____ _____   f) $\frac{11}{15}$ _____ _____

4. Compare à l'aide des signes <, > et =.

   a) 15 % ___ 1,5   b) 0,7 ___ 7 %   c) 1/3 ___ 33 %   d) 150 % ___ 15

   e) 0,035 ___ 3,5 % f) 1 % ___ 0,011   g) 14/7 ___ 200 %   h) 3,75 ___ 37,5 %

5. Place ces nombres en ordre décroissant.

   0,01 ; 1/10 ; 11 % ; 11/1 000 ; 1,11 %

   _____

Pourcentage d'un nombre

▶ Pour trouver le pourcentage d'un nombre, on transforme d'abord le pourcentage en une fraction réduite. On multiplie ensuite le nombre par cette fraction.

Exemples :
$$30\ \% = \frac{30}{100} = \frac{3}{10}\ ;\quad 30\ \%\ \text{de}\ 40 = \frac{3}{10} \times 40 = 12$$

$$75\ \% = \frac{75}{100} = \frac{3}{4}\ ;\quad 75\ \%\ \text{de}\ 48 = \frac{3}{4} \times 48 = 36$$

▶ On peut également transformer le pourcentage en un nombre décimal par lequel on multipliera le nombre.

Exemple :
$$40\ \%\ \text{de}\ 15 = 0{,}4 \times 15 = 6{,}0$$

1. Transforme les pourcentages en fractions pour trouver mentalement les résultats des opérations suivantes.

   a) 10 % de 350 = ____ de 350 = ____

   b) 25 % de 1 000 = ____ de 1 000 = ____

   c) 150 % de 50 = ____ × 50 + de 50 = ____

   d) $33\frac{1}{3}$ % de 99 = ____ de 99 = ____

2. Calcule selon la méthode de ton choix.

   a) 35 % de 150

   b) 12,5 % de 1 000

   c) 125 % de 7,16

   d) 3 % de 87,5

   e) 20 % de 35,5

   f) 175 % de 80,4

3. Compare à l'aide des signes <, > et =.

   a) 30 % de 90 ☐ $\frac{1}{2}$ de 55

   b) 120 % de 1 h ☐ 1 h $\frac{1}{4}$

   c) 400 % de 3 ☐ 50 % de 24

Fraction, nombre décimal et pourcentage

▶ On transforme une fraction en nombre décimal en la transformant d'abord en une fraction décimale (ayant un multiple de 10 au dénominateur) ou en divisant le numérateur par le dénominateur.

Exemples :
$$\frac{3}{50} = \frac{6}{100} = 0,6 \, ; \, \frac{1}{7} \simeq 0,143$$

▶ On transforme une fraction en pourcentage en la transformant d'abord en une fraction ayant 100 au dénominateur ou en divisant le numérateur par le dénominateur pour trouver le nombre de centièmes qu'il contient.

Exemples :
$$\frac{6}{25} = \frac{24}{100} = 24 \, \% \, ; \, \frac{5}{6} \simeq 0,833 \simeq 83,3 \, \%$$

▶ On transforme un nombre décimal en fraction en inscrivant au dénominateur le nom de la position qu'il occupe, puis en réduisant la fraction obtenue, s'il y a lieu.

Exemple :
$$0,16 = \frac{16}{100} = \frac{4}{25}$$

▶ On transforme un nombre décimal en pourcentage en le transcrivant d'abord en centièmes.

Exemple :
$$0,125 = \frac{12,5}{100} = 12,5 \, \%$$

▶ On transforme un pourcentage en fraction en remplaçant le symbole % par le dénominateur 100, puis en réduisant la fraction ainsi obtenue.

Exemple :
$$37,5 \, \% = \frac{37,5 \times 10}{100 \times 10} = \frac{375 \div 125}{1\,000 \div 125} = \frac{3}{8}$$

▶ On transforme un pourcentage en nombre décimal en le transcrivant d'abord sous la forme d'une fraction, puis en divisant le numérateur par le dénominateur.

Exemple :
$$12,75 \, \% = \frac{12,75}{100} = 0,1275$$

1. Remplis le tableau suivant en effectuant les transformations demandées.

Fraction réduite	Fraction décimale	Nombre décimal	Pourcentage
$\frac{3}{25}$			
	$\frac{85}{100}$		
		0,125	
			135 %
		0,045	
$\frac{7}{11}$			

2. Calcule la valeur des chaînes suivantes.

a) $24\% + 1{,}25 + \frac{3}{4} =$

b) $(-\frac{1}{2})^2 + 36\% \times 0{,}2 =$

c) $(75\% - 0{,}5)^2 \div (50 \times -0{,}001) =$

d) $-\frac{1}{3} \times 3\frac{3}{4} + \frac{2}{5} \times 45\% =$

e) $200\% \times \frac{3}{5} \times 37{,}5\% \times (0{,}25 \div -0{,}5) =$

f) $12\% \times 24 - 0{,}05 \times 75 =$

g) $3\frac{1}{4} \div 3 + 150\% \times -50 =$

h) $\left(\frac{3}{8} \times 48\% \div \frac{3}{5}\right) \div (\frac{1}{3})^3 =$

Réductions de prix et taxes

▶ Une **réduction** est ordinairement exprimée par un pourcentage. Pour calculer une réduction, on peut transformer le pourcentage en une fraction réduite.

Exemple :

Une réduction de 25 % sur l'achat d'une paire de patins qui coûte 200 $; la réduction représente $\frac{25}{100}$, donc $\frac{1}{4}$ de 200 $, ou 200 ÷ 4 = 50 $.

On peut aussi transformer le pourcentage en nombre décimal :
0,25 × 200 = 50 $

On doit soustraire la réduction du prix marqué pour obtenir le prix de vente.

▶ Les **taxes** sont aussi des quantités exprimées en pourcentage. On les calcule de la même façon que les réductions de prix, mais on les ajoute au prix marqué. Lorsqu'il y a deux taxes à payer, la première est ajoutée directement au prix marqué. La deuxième est calculée sur le nouveau total et s'y ajoute pour donner le prix de vente final.

Exemple :

Calculons le prix de vente d'une paire de patins dont le prix marqué de 200 $ est réduit de 25 %, puis augmenté de la TPS de 5 % et de la TVQ de 7,5 %.

Calcul de la réduction : 200 ÷ 4 = 50 $

Calcul du prix réduit : 200 − 50 = 150 $

Calcul de la TPS : 0,05 × 150 = 7,50 $

Calcul du prix incluant la TPS : 150 + 7,50 = 157,50 $

Calcul de la TVQ : 0,075 × 157,50 = 11,8125, soit 11,81 $

Calcul du prix final : 157,50 + 11,81 = 169,31 $

Comme le prix marqué correspond à 100 % du prix, le prix incluant la TVQ représente 105 % ou 1,05 du prix marqué. On peut donc multiplier 150 par 1,05 pour obtenir le nouveau prix. De même, on peut multiplier ce dernier par 1,075 pour obtenir le prix de vente final.

1. Calcule le prix avant taxes des achats inscrits dans ce tableau.

Prix marqué	Réduction (%)	Réduction ($)	Prix réduit
150 $	25 %	_____	_____
495 $	5 %	_____	_____
1 350 $	30 %	_____	_____
1 596 $	$33\frac{1}{3}$ %	_____	_____
5 095 $	15 %	_____	_____

2. Calcule le prix des achats inscrits dans ce tableau après avoir payé des taxes totalisant 12,875 %.

Prix marqué	Taxes (%)	Taxes ($)	Prix de vente final
175 $	12,875 %	_____	_____
795 $	12,875 %	_____	_____
1 650 $	12,875 %	_____	_____
2 585 $	12,875 %	_____	_____
5 000 $	12,875 %	_____	_____

Problèmes (pourcentage)

1. Jean-Philippe a reçu 125 $ à Noël. A-t-il assez d'argent pour se procurer les deux jeux vidéo dont il rêve si ceux-ci coûtent habituellement 79 $ chacun et que leur prix est réduit de 30 % ?

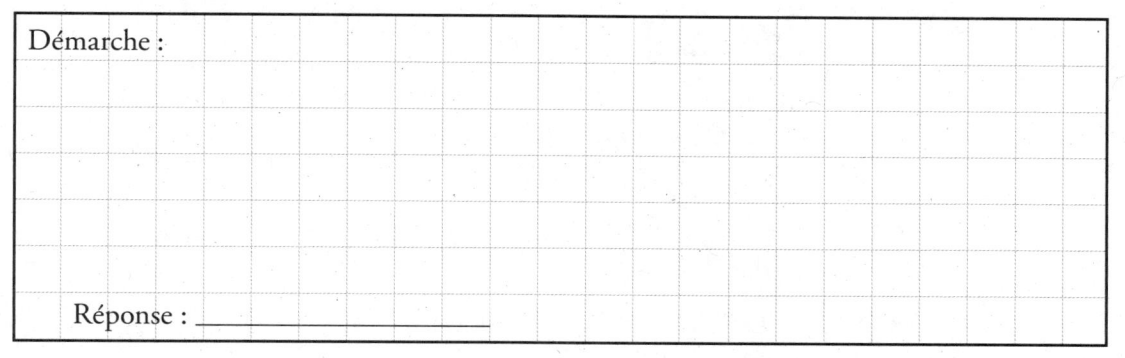

   Démarche :

   Réponse : _____

2. Magali mange au restaurant et choisit le menu du jour, qui coûte 12,95 $. Combien devra-t-elle débourser en tout si on inclut dans la note la TPS (5 %), la TVQ (7,5 %) et un pourboire de 15 % ?

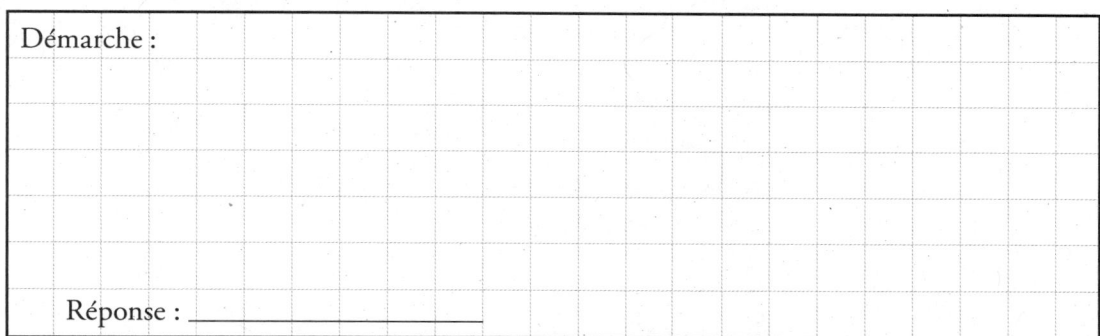

   Démarche :

   Réponse : _____

3. Pour confectionner de nouveaux rideaux dans ma chambre, ma mère achète 10 m de tissu à 15,95 $ le mètre, mais sur lesquels elle obtient une réduction de 20 %, 2 bobines de fil à 0,99 $ chacune et différents articles de couture dont le prix totalise 9,95 $. Combien paiera-t-elle si les deux taxes totalisent 12,875 % ?

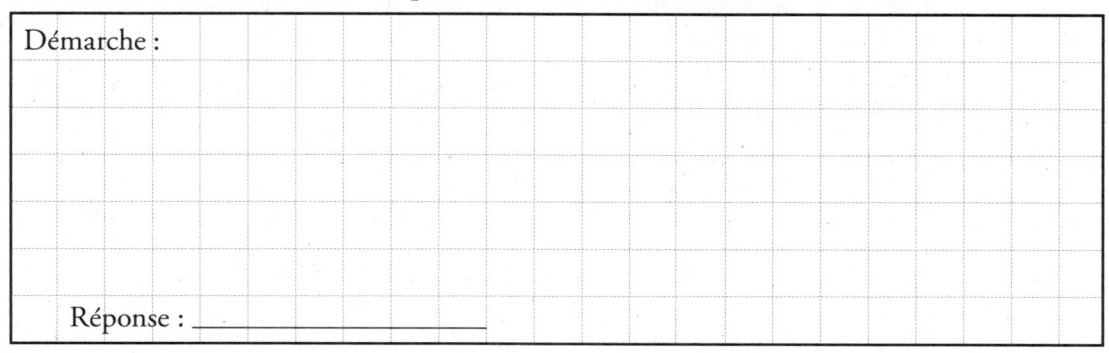

   Démarche :

   Réponse : _____

PROBABILITÉ

Expérience aléatoire

> ▶ Une expérience est dite **aléatoire** si on ne peut prédire son résultat avec certitude, autrement dit si le résultat est dû au hasard.
>
> Exemple :
> Jeter un dé équilibré et observer le résultat obtenu sur la face supérieure.
>
> ▶ On peut dresser l'univers de tous les résultats possibles, nommé **oméga** et représenté par le symbole Ω.
>
> Les éléments qui composent cet univers doivent être écrits entre accolades et séparés par des virgules.
>
> Exemple :
> Lorsqu'on jette un dé, l'univers des résultats possibles est
> $\Omega = \{1, 2, 3, 4, 5, 6\}$.

1. **Indique si l'expérience est aléatoire ou non.**
   a) Jeter un dé qui n'est pas bien équilibré et observer le résultat obtenu. _____
   b) Lancer une pièce de monnaie et observer le résultat obtenu. _____
   c) Tirer une carte d'un jeu neuf dont les cartes sont ordonnées des as aux rois. _____
   d) Tirer une boule d'un bocal contenant de grosses boules rouges, de moyennes boules vertes et de petites boules bleues. _____

2. **Décris en extension l'univers des résultats possibles (Ω) de chacune des expériences aléatoires suivantes.**
   a) Tirer une boule d'un sac contenant 5 billes rouges, 3 billes noires, 2 billes blanches et 1 bille jaune.
   _____

   b) Tirer une lettre d'un sac dans lequel on a déposé les lettres du mot « baobab ».
   _____

   c) Jeter un dé et obtenir un résultat inférieur à 3.
   _____

   d) Tirer un nombre d'un chapeau contenant les nombres de 0 à 20 et obtenir un nombre premier.
   _____

Événement

▶ Lorsqu'on effectue une expérience aléatoire, on vise en général à obtenir un résultat quelconque parmi l'univers de tous les résultats possibles. Ce résultat recherché s'appelle un **événement**.

Exemple :
Lorsqu'on jette un dé, parmi l'ensemble Ω, on peut s'intéresser à l'événement « obtenir un nombre supérieur à 3 », qui correspond à {4, 5, 6}.

▶ Si l'événement recherché ne contient qu'un seul élément, il est appelé **élémentaire**.

Exemple :
Vouloir « obtenir un 7 » en tirant au sort parmi les nombres de 1 à 10 est un événement élémentaire.

1. **Indique si les événements décrits sont élémentaires ou non.**

   a) Jeter un dé équilibré et obtenir un nombre pair. _____

   b) Choisir au hasard une lettre du mot « non » et obtenir une consonne. _____

   c) Tirer une boule d'une boîte qui contient 5 boules rouges et 5 boules bleues et obtenir une boule qui n'est pas bleue. _____

   d) Choisir un nombre entre 5 et 10 et obtenir un nombre premier. _____

2. **Des événements ont été tirés de différents ensembles Ω. Décris ces événements à l'aide de mots.**

   a) Ω = {1, 2, 3, 4, 5, 6, 7, 8, 9, 10}   Événement {1, 3, 5, 7, 9}

   Parmi les nombres de 1 à 10, obtenir _____

   b) Ω = {lundi, mardi, mercredi, jeudi, vendredi, samedi, dimanche}
                                                Événement {mardi, mercredi}

   Parmi les journées de la semaine, obtenir celles _____

   c) Ω = {l, i, m, o, n, a, d, e}   Événement {l, m, n, d}

   Parmi les lettres du mot « limonade », obtenir _____

   d) Ω = {rouge, blanc, noir, jaune}   Événement {rouge, noir, jaune}

   Parmi des boules de 4 couleurs différentes, obtenir _____

Probabilité d'un événement

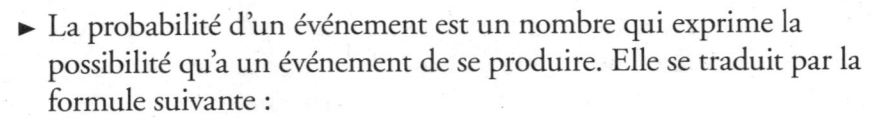

- La probabilité d'un événement est un nombre qui exprime la possibilité qu'a un événement de se produire. Elle se traduit par la formule suivante :

$$P_{(\text{événement})} = \frac{\text{nombre de résultats favorables}}{\text{nombre de résultats possibles}}$$

Exemple : Quand on jette un dé, $P_{(6)} = \frac{1}{6}$

- Si un événement se compose de plusieurs événements élémentaires, la probabilité qu'il se produise est égale à la somme des probabilités de chacun des événements élémentaires.

Exemple : Quand on jette un dé,
$$P_{(1 \text{ ou } 6)} = P_{(1)} + P_{(6)} = \frac{1}{6} + \frac{1}{6} = \frac{2}{6} \text{ ou } \frac{1}{3}$$

- Quand un événement n'a aucune chance de se produire, on dit qu'il est **impossible** et sa probabilité est **0**.

Exemple : Obtenir un 7 quand on jette un dé à 6 faces est un événement impossible.
$$P_{(7)} = \frac{0}{6} = 0$$

- Quand un événement a toutes les chances de se produire, on dit qu'il est **certain** et sa probabilité est **1**.

Exemple : Tirer une boule rouge d'un sac contenant uniquement 6 boules rouges est un événement certain.
$$P_{(\text{rouge})} = \frac{6}{6} = 1$$

- Quand un événement a certaines chances de se produire, on dit qu'il est **probable** et sa probabilité se situe **entre 0 et 1**.

Exemple : Tirer une boule noire d'un sac qui contient 4 boules noires et 6 boules rouges est un événement probable.
$$P_{(\text{noire})} = \frac{4}{10} = \frac{2}{5}$$

- La **probabilité** que l'on calcule à l'aide d'une formule est dite **théorique**. Elle diffère de la probabilité **fréquentielle**, c'est-à-dire celle qu'on observe dans les faits lorsqu'on effectue l'expérience. Toutefois, plus le nombre d'essais augmente, plus la probabilité fréquentielle tend à se rapprocher de la probabilité théorique.

Exemple : À chaque naissance, la probabilité d'avoir un garçon et celle d'avoir une fille sont égales. Dans les faits, il est bien sûr possible d'avoir plusieurs garçons ou plusieurs filles d'affilée.

1. Dis si les événements suivants sont probables, impossibles ou certains.

   a) Tirer une voyelle d'un sac dans lequel on a déposé les lettres du mot « eau ». _____

   b) Connaître une journée de beau temps alors qu'il pleut depuis 4 jours. _____

   c) Tirer un nombre négatif d'un chapeau dans lequel on a déposé les nombres de 1 à 10. _____

   d) Parmi les 12 mois de l'année, en tirer un dont le nom ne contient que 3 lettres. _____

2. Si on tire une carte d'un jeu de 52 cartes, quelle est la probabilité de tirer :

   a) un as rouge? _____   b) le 2 de trèfle? _____

   c) une carte noire? _____   d) un 9? _____

   e) une figure (roi, dame, valet)? _____   f) une carte qui n'est pas une figure? _____

   g) une carte rouge qui n'est ni un 8 ni un 9? _____   h) une carte ayant une valeur inférieure à 3? _____

3. Quand on lance un dé équilibré, quelle est la probabilité d'obtenir :

   a) un 2? _____   b) un nombre inférieur à 5? _____

   c) un diviseur de 6? _____   d) un 8? _____

   e) un multiple de 2? _____   f) un nombre impair? _____

4. Si un sac contient 6 boules rouges, 4 boules jaunes, 7 boules blanches et 3 boules noires, quelle est la probabilité de :

   a) tirer une boule jaune? _____

   b) tirer une boule qui ne soit ni jaune ni rouge? _____

5. Un sac contient les noms des douze mois de l'année. Karla tire le nom d'un mois. Quelle est la probabilité qu'elle ait tiré :

   a) le mois de son anniversaire? _____

   b) un mois d'hiver? _____

   c) un mois dont le nom commence par la lettre j? _____

6. On tire une lettre d'une boîte qui contient les lettres du mot « anticonstitutionnellement ».

   a) Décris l'univers des résultats possibles : $\Omega =$ _____

   b) Quelle est la probabilité de tirer un t? _____

   c) Décris un événement dont la probabilité est de $\frac{1}{11}$? _____

7. Dis si, dans chaque cas, il s'agit d'une probabilité théorique ou d'une probabilité fréquentielle.

   a) Avant les éliminatoires, un entraîneur étudie les statistiques décrivant les performances de ses joueurs afin de déterminer lesquels ont le plus de chances de marquer des buts. _____

   b) La probabilité qu'une mère mette au monde une fille est de $\frac{1}{2}$. _____

   c) Pierre-Paul observe la couleur des voitures circulant devant chez lui et calcule la probabilité que la prochaine voiture soit noire. _____

   d) Après avoir jeté 100 fois une pièce de monnaie, on a obtenu 46 fois « pile » et 54 fois « face ». _____

8. Un participant à un jeu télévisé fait tourner cette roue. Quelle est la probabilité des événements suivants ?

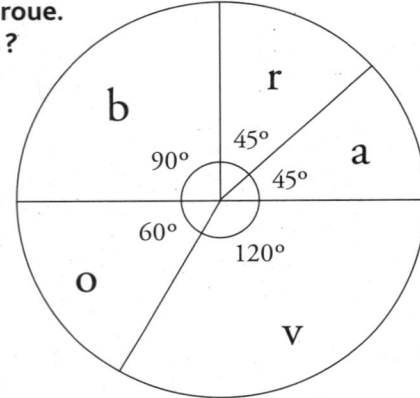

   a) P (*b* ou *o*) : _____

   b) P (*r* ou *v*) : _____

   c) Décris un événement dont la probabilité serait de $\frac{1}{2}$: _____

9. Tu tires une carte d'un jeu dont on a extrait les figures. Calcule la probabilité de tirer :
   a) une carte rouge ou une carte noire : _____
   b) un 2 ou un 7 : _____
   c) une carte inférieure à 5 ou supérieure à 8 : _____
   d) une dame ou un roi : _____
   e) un nombre pair rouge ou un nombre impair noir : _____

Expériences à plusieurs étapes

▶ Jeter une pièce de monnaie ou lancer un dé constituent des expériences à une seule étape. On peut aussi effectuer des expériences aléatoires comportant plusieurs étapes.

> Exemple :
> Faire tourner une première roue pour choisir une lettre et une deuxième roue pour choisir un nombre constitue une expérience à deux étapes.

▶ On peut représenter de différentes façons une expérience aléatoire à plusieurs étapes. Les diverses représentations permettent de dénombrer l'ensemble des résultats possibles.

1) Diagramme en arbre

On jette un dé, puis une pièce de monnaie, et on s'intéresse aux deux résultats obtenus.

Résultats observés sur le dé	Résultats observés sur la pièce	Résultats
1	P / F	(1, P) / (1, F)
2	P / F	(2, P) / (2, F)
3	P / F	(3, P) / (3, F)
4	P / F	(4, P) / (4, F)
5	P / F	(5, P) / (5, F)
6	P / F	(6, P) / (6, F)

$$6 \times 2 = 12$$

Probabilité / 95

Expériences à plusieurs étapes (suite)

2) Un réseau

Shamar va toujours chercher son ami Colin avant de se rendre à l'école. Combien de chemins différents conduisent de la maison de Shamar à l'école ?

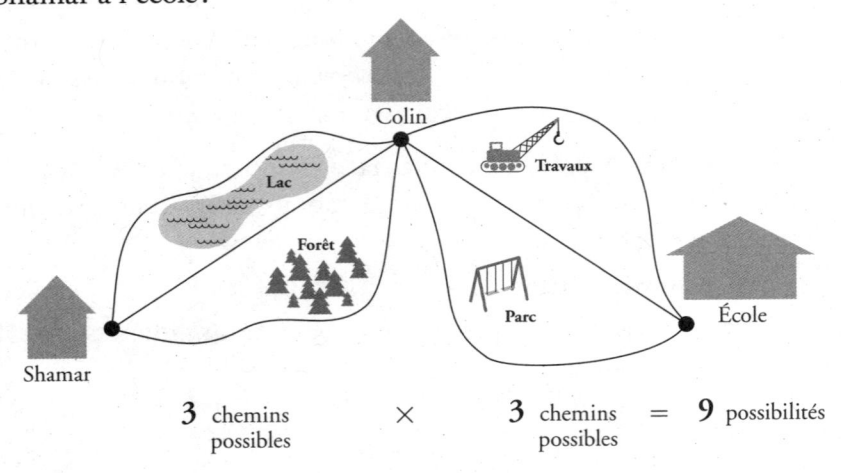

3 chemins possibles × **3** chemins possibles = **9** possibilités

3) Une grille

On veut dénombrer les résultats possibles de deux naissances.

	G	F
G	(G, G)	(G, F)
F	(F, G)	(F, F)

1ʳᵉ naissance   2ᵉ naissance
         2   ×   2   = 4

▶ Pour déterminer le nombre de résultats possibles d'une expérience aléatoire à plusieurs étapes, il faut multiplier le nombre de résultats possibles à chacune des étapes.

1. **On jette un dé deux fois de suite et on observe le résultat obtenu à chaque lancer.**

   a) Combien y a-t-il de résultats possibles au 1er lancer? _____

   b) Combien y en a-t-il au 2e lancer? _____

   c) Combien y a-t-il de résultats possibles si l'on tient compte des deux résultats observés? _____

   d) Remplis la grille pour obtenir la liste de tous les résultats possibles.

	1	2	3	4	5	6
1	(__, __)	(__, __)	(__, __)	(__, __)	(__, __)	(__, __)
2	(__, __)	(__, __)	(__, __)	(__, __)	(__, __)	(__, __)
3	(__, __)	(__, __)	(__, __)	(__, __)	(__, __)	(__, __)
4	(__, __)	(__, __)	(__, __)	(__, __)	(__, __)	(__, __)
5	(__, __)	(__, __)	(__, __)	(__, __)	(__, __)	(__, __)
6	(__, __)	(__, __)	(__, __)	(__, __)	(__, __)	(__, __)

   e) Quelle est la probabilité d'obtenir :

   1) deux nombres identiques? _____

   2) un résultat qui commence par 1 et se termine par un nombre pair? _____

   3) une somme égale à 7? _____

   4) une paire dont le premier terme est la moitié du second? _____

   5) une paire dont le deuxième terme est 6 ou 5? _____

   6) un produit égal à 4? _____

2. **Une expérience consiste à lancer premièrement un dé à 8 faces dont les faces sont numérotées de 1 à 8 et deuxièmement une pièce de monnaie, puis à noter les deux résultats obtenus. Combien de résultats différents peut-on obtenir?**

   _____

3. **Un code d'identification doit obligatoirement se composer d'un chiffre, d'une lettre et d'un chiffre. Combien de codes différents peut-on créer si aucun ne peut commencer par un 0?**

   _____

Probabilité / **97**

4. On fait tourner successivement les deux roulettes ci-dessous.

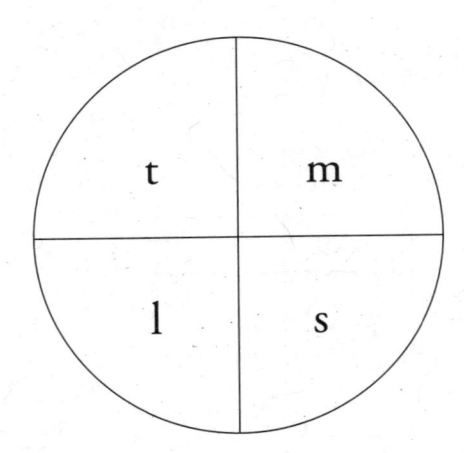

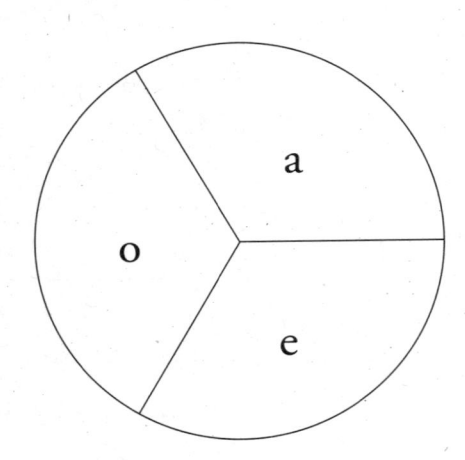

Quelle est la probabilité que les deux lettres obtenues forment un mot de la langue française ? _____

5. **On lance une pièce de monnaie 3 fois.**
   a) Dessine un arbre qui représente toutes les possibilités.

   1er lancer   2e lancer   3e lancer   Résultats

   b) Quelle est la probabilité d'obtenir 3 résultats identiques ? _____

   c) Quelle est la probabilité que le résultat contienne au moins 2 fois « pile » ? _____

   d) Calcule $P_{((P, P, F) \text{ ou } (F, F, P))}$: _____

6. Un clown répète le même numéro chaque soir, mais en changeant chaque fois de costume. Il possède 2 pantalons (un rouge et un bleu), 3 vestons (un fleuri, un rayé et un à pois) et 3 chapeaux (un à fleurs, un à plumes et un à carreaux). Combien de tenues différentes peut-il agencer à partir de ces éléments ?

   a) Représente la situation à l'aide d'un diagramme en arbre.

   b) Calcule la probabilité que le clown porte :
      1) un chapeau à plumes. _____
      2) un pantalon rouge et un veston fleuri. _____
      3) ni le pantalon rouge ni le chapeau à fleurs. _____
      4) un veston à pois et un chapeau à carreaux. _____

7. Quatre villes, A, B, C et D, sont reliées par différents moyens de transport. Combien y a-t-il de façons différentes de se rendre de A à D, sachant qu'on peut aller de A à B en voiture (v), en autobus (a) ou en train (t), de B à C en voiture (v) ou en train (t) et de C à D en train (t) ou en avion (a).

   a) Trace un réseau qui représente cette situation.

   b) Combien y a-t-il de résultats possibles ? _____

   c) Décris en extension l'ensemble Ω des résultats possibles.

   _____

   _____

   d) Quelle est la probabilité qu'un voyageur se rendant de A à D prenne l'avion ?

   _____

GÉOMÉTRIE

Angles

▶ Un angle est une figure géométrique formée par deux demi-droites issues d'un même point.

Le point d'où les droites sont issues est le **sommet** (B) et les demi-droites (AB et BC) sont les **côtés** de l'angle.

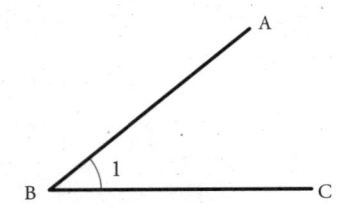

▶ On nomme un angle par une lettre, un chiffre ou trois lettres dont celle du milieu représente le sommet. On fait précéder cette appellation du symbole ∠.

Exemple :
∠B, ∠1, ∠ABC

▶ m ∠B signifie « la mesure de l'angle B ». Le degré (°) est l'unité de mesure employée pour mesurer les angles.

Exemple :
m ∠B = 40°

▶ On classe les angles selon leur mesure.

Angle nul	Angle aigu	Angle droit	Angle obtus
0°	entre 0° et 90° ;	90°	entre 90° et 180°

Angle plat	Angle rentrant	Angle plein
180°	entre 180° et 360°	360°

Angles (suite)

▶ On mesure les angles à l'aide d'un rapporteur qui comporte 180°. Pour mesurer un angle rentrant, dont la mesure dépasse 180°, on peut :

1) prolonger un des côtés de façon à former un angle plat, puis ajouter la mesure de la partie restante de l'angle :

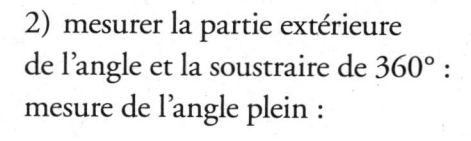

180° + 40° = 220°

2) mesurer la partie extérieure de l'angle et la soustraire de 360° : mesure de l'angle plein :

360° − 140° = 220°

1. Observe les angles indiqués et réponds aux questions ci-dessous.

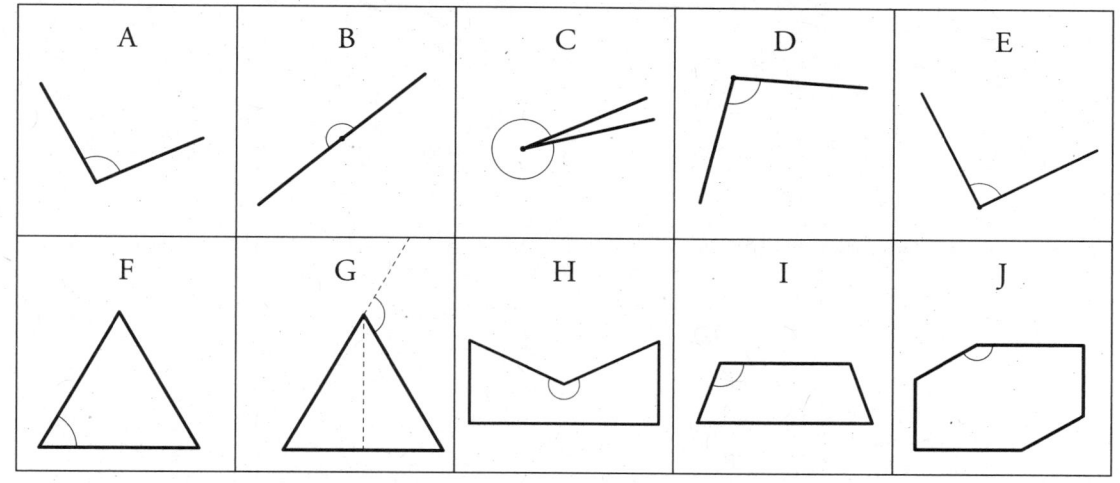

A	B	C	D	E
F	G	H	I	J

Quelles sont les figures où les angles désignés sont :
a) des angles aigus ? _____
b) des angles rentrants ? _____
c) des angles droits ? _____
d) des angles obtus ? _____
e) des angles plats ? _____

2. Nomme chacun des angles selon sa mesure.

   a) ∠AOC : _____
   b) ∠BOD : _____
   c) ∠BOE : _____
   d) ∠AOE : _____
   e) ∠COE : _____

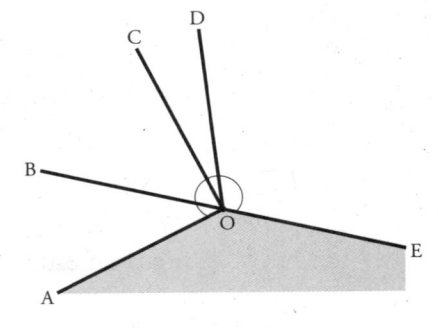

3. Mesure ces angles à l'aide d'un rapporteur.

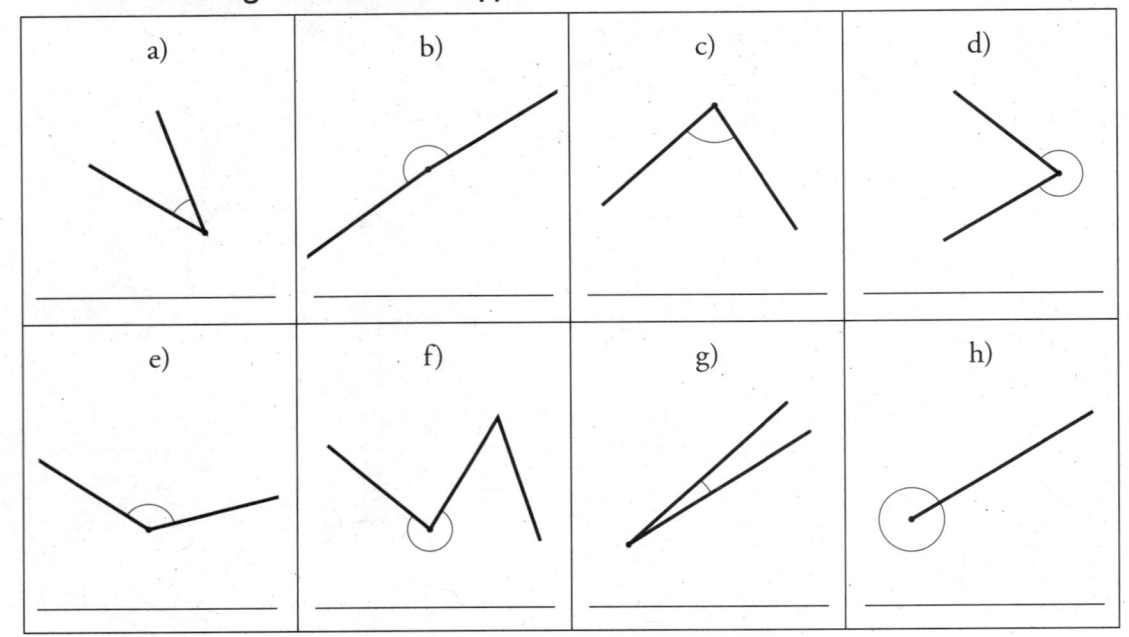

   a)　　　　b)　　　　c)　　　　d)

   e)　　　　f)　　　　g)　　　　h)

4. Dans chaque cas, dessine la demi-droite qui permettra d'obtenir l'angle demandé.

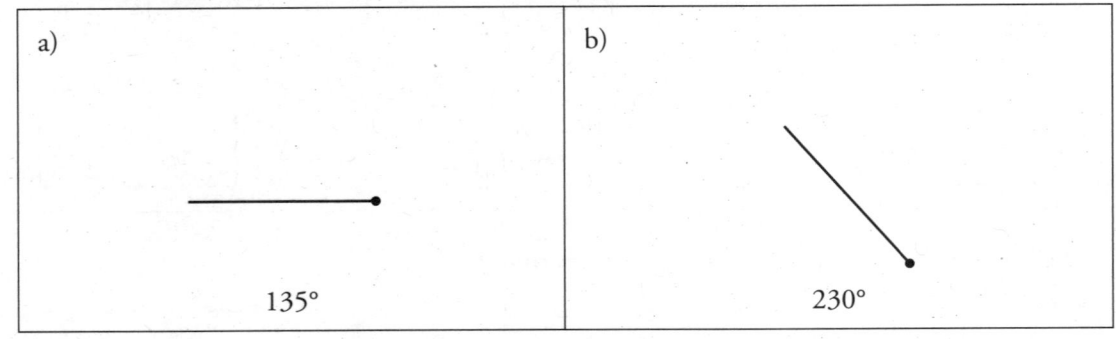

   a) 135°

   b) 230°

Angles adjacents

▶ Deux angles sont **adjacents** s'ils remplissent les trois conditions suivantes :

1) posséder le **même sommet** ; 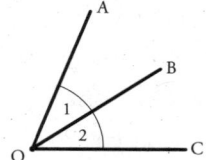
2) posséder un **côté commun** ;
3) être situés **de part et d'autre** de ce côté commun.

Exemple :
Les angles 1 et 2 sont adjacents :

1) O est le sommet de chacun de ces angles ;
2) le côté OB est commun aux deux angles ;
3) l'angle 1 est situé à gauche du côté commun, alors que l'angle 2 est situé à sa droite.

1. Indique si les angles sont adjacents ou non. S'ils ne le sont pas, explique pourquoi.

a)

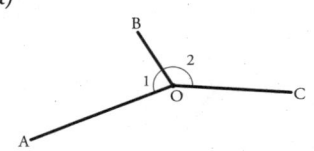

b)

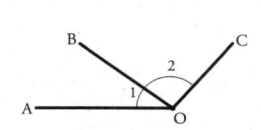

c)

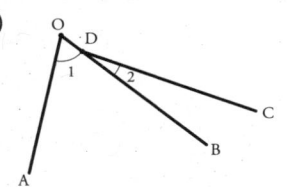

_____

_____

d)

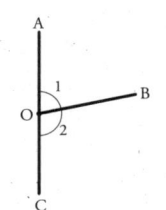

e)

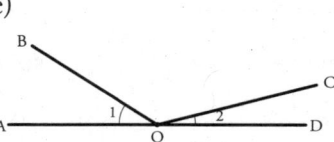

f)

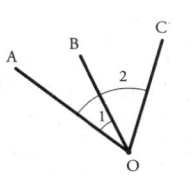

_____

_____

2. Dans le dessin suivant, trouve 2 paires d'angles adjacents et nomme-les.

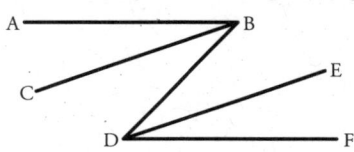

_____

_____

Géométrie /**103**

Angles opposés par le sommet

▶ Des angles sont opposés par le sommet s'ils possèdent les deux caractéristiques suivantes :

1) ils possèdent le même sommet ;
2) les côtés de l'un sont le prolongement des côtés de l'autre.

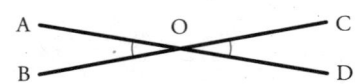

Exemple :
Les angles AOB et COD sont opposés par le sommet parce que :
1) ils ont le même sommet O ;
2) AO et OD sont le prolongement l'un de l'autre ; BO et OC sont aussi le prolongement l'un de l'autre.

▶ Les angles opposés par le sommet sont **isométriques**, c'est-à-dire qu'ils ont la même mesure.

1. Indique si les angles sont opposés par le sommet ou non. S'ils ne le sont pas, explique pourquoi.

   a)   b)    c)

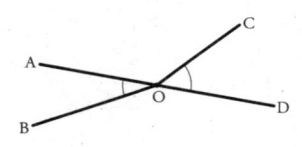

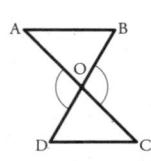

   _____   _____   _____

   _____   _____   _____

2. Quel nom pourrait-on donner aux paires d'angles suivantes ?

   a)   b) 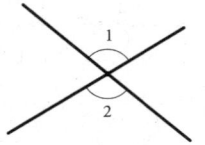   c)

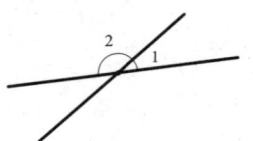

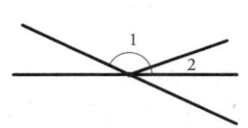

   _____   _____   _____

   d) 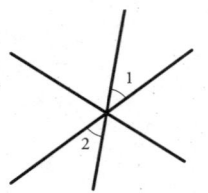   e) 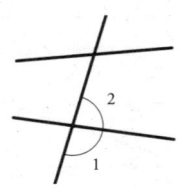   f)

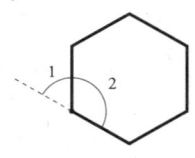

   _____   _____   _____

104/ 3R Mathématique

Angles complémentaires et supplémentaires

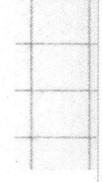

▶ Deux angles sont complémentaires si la somme de leurs mesures est égale à 90°.

Exemples :
Les angles 1 et 2 sont complémentaires, car 35° + 55° = 90°.
Les angles 3 et 4 sont complémentaires, car 45° + 45° = 90°.

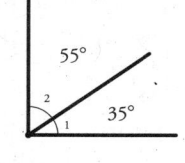

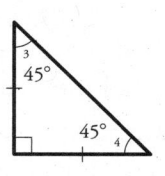

▶ Deux angles sont supplémentaires si la somme de leurs mesures est égale à 180°.

Exemple :
Les angles 5 et 6 sont supplémentaires, car 50° + 130° = 180°.

Deux angles adjacents dont les côtés extérieurs sont en ligne droite sont supplémentaires.

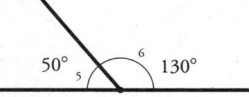

1. Sans utiliser de rapporteur, détermine les mesures manquantes et justifie tes réponses par les énoncés appropriés.

a)

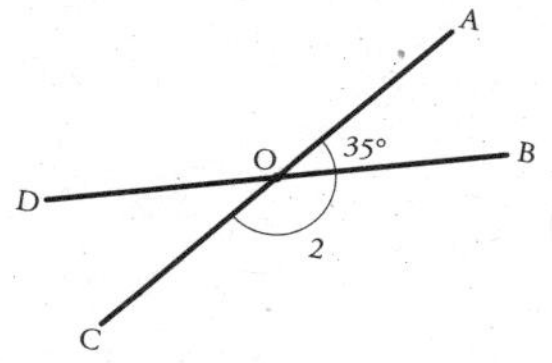

b)

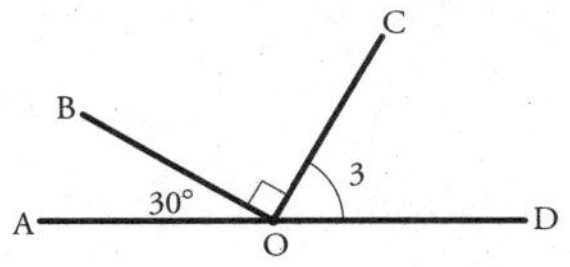

c)

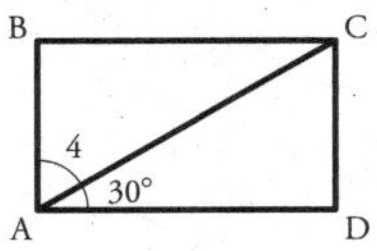

d)

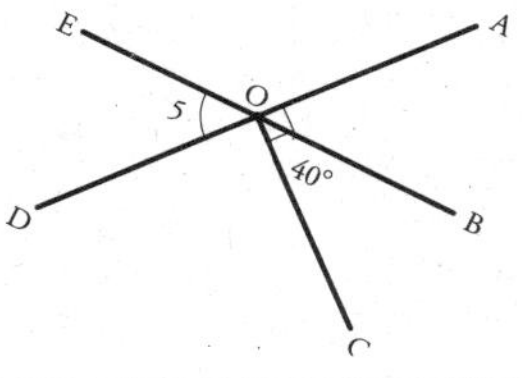

Angles formés par des parallèles et une sécante

▶ Une sécante est une droite qui coupe une figure géométrique.

Exemple :
Les droites AB et CD sont sécantes et elles se coupent au point O.

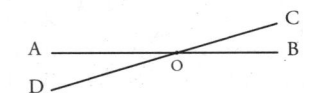

▶ Lorsqu'une sécante coupe deux droites, elle forme :

1) **des angles alternes-internes**, situés de part et d'autre de la sécante, mais à l'intérieur des deux droites ;

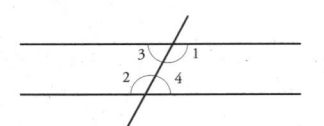

Exemple :
Les angles 1 et 2 ainsi que les angles 3 et 4 forment des paires d'angles alternes-internes ;

2) **des angles alternes-externes**, situés de part et d'autre de la sécante, mais à l'extérieur des deux droites ;

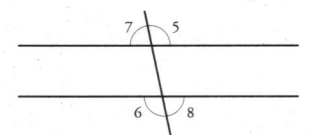

Exemple :
Les angles 5 et 6 ainsi que les angles 7 et 8 forment des paires d'angles alternes-externes ;

3) **des angles correspondants** : situés du même côté de la sécante, mais l'un à l'intérieur et l'autre à l'extérieur des deux droites ;

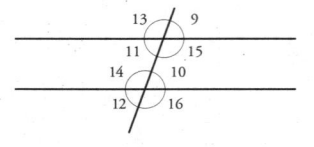

Exemple :
Les angles 9 et 10, 11 et 12, 13 et 14 ainsi que 15 et 16 forment des paires d'angles correspondants.

▶ Si la sécante coupe deux **droites parallèles**, alors les **angles** alternes-internes, les angles alternes-externes et les angles correspondants sont **isométriques**.

1. Dans la figure ci-dessous, quel nom peut-on donner aux paires d'angles suivantes ?

   a) 4 et 5 : _____

   b) 2 et 8 : _____

   c) 6 et 7 : _____

   d) 5 et 6 : _____

   e) 1 et 7 : _____

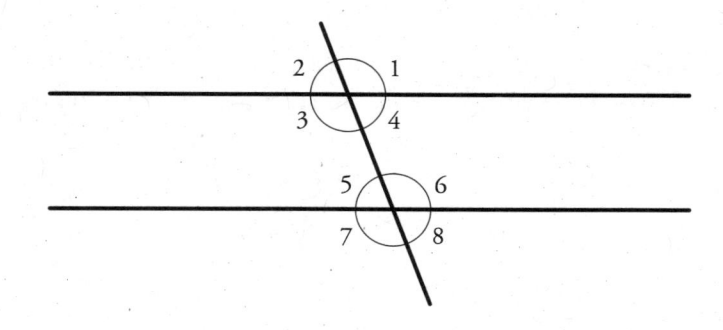

2. Sachant que les droites d_1 et d_2 sont parallèles, détermine les mesures manquantes et justifie tes réponses à l'aide des énoncés appropriés.

   a) m ∠ 1 = _____

   b) m ∠ 2 = _____

   c) m ∠ 3 = _____

   d) m ∠ 4 = _____

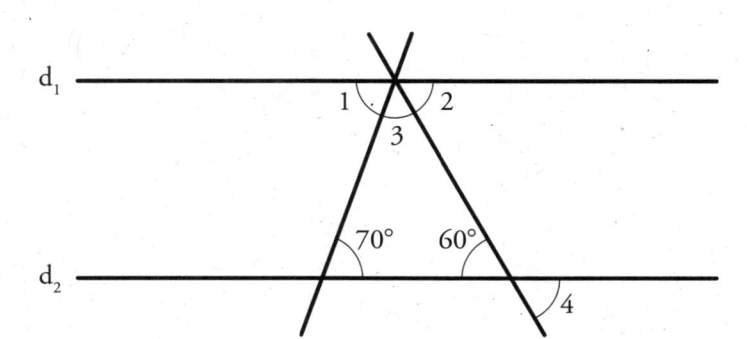

Bissectrice

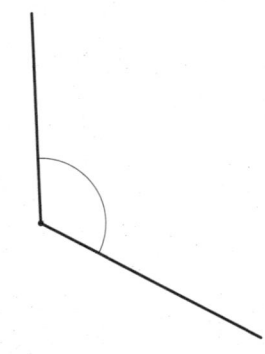

▶ La bissectrice d'un angle est la demi-droite qui passe par le sommet de l'angle et qui partage cet angle en deux parties isométriques.

Exemple :
La demi-droite OB est la bissectrice de l'angle AOC, qui mesure 60°.

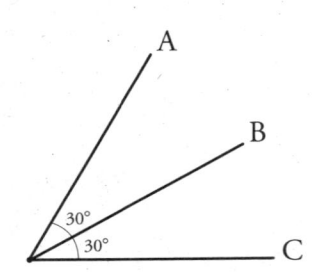

▶ On peut dessiner la bissectrice d'un angle à l'aide d'un compas en franchissant les étapes suivantes.

| On trace un arc de cercle de centre O, qui coupe les 2 côtés de l'angle. | À partir de D et de E, on trace 2 arcs de cercle de même rayon. | On trace la bissectrice en joignant le sommet de l'arc et le point de rencontre des deux arcs. |

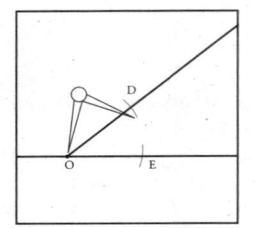

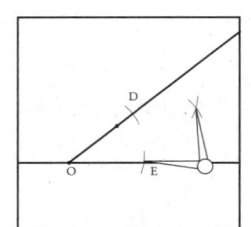

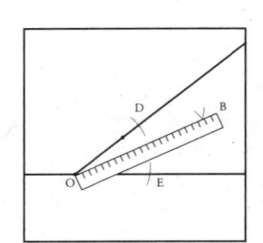

1. Trace la bissectrice de chacun des angles suivants.

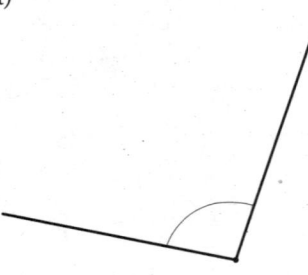

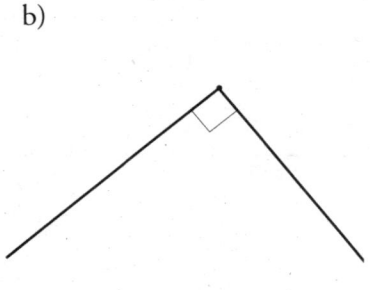

a)

b)

c)

2. Dans chaque figure, trace la bissectrice de l'angle A.

a)

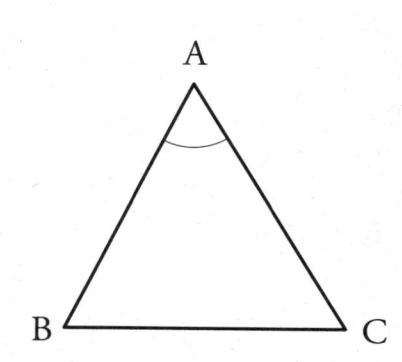

b)

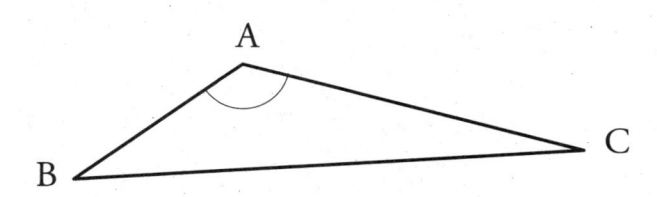

c)

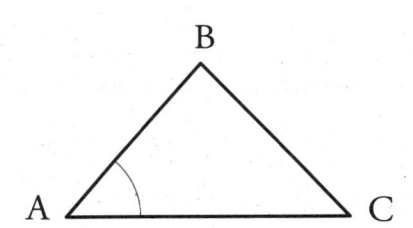

3. Trace 2 angles adjacents supplémentaires AOB et BOC, tels que m ∠ BOC = 30°. Trace la bissectrice OE de l'angle AOB. Quelle est la mesure de l'angle AOE ?

Droites parallèles

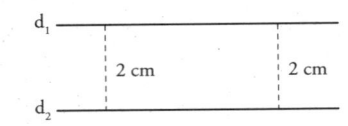

▶ Contrairement aux sécantes, les droites parallèles sont des droites qui ne se croiseront jamais, car la distance entre elles est toujours la même.
Les droites d_1 et d_2 sont parallèles.

▶ On désigne des droites parallèles par le symbole //.

Exemple :
$d_1 \,//\, d_2$

▶ On peut construire des droites parallèles à l'aide d'une règle et d'une équerre, en suivant la démarche ci-dessous.

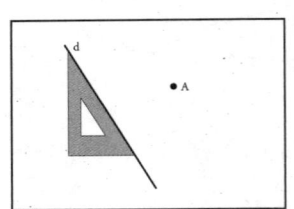

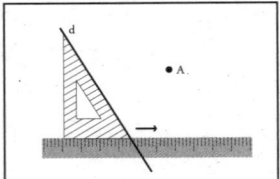

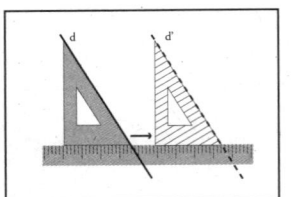

1. Indique si les droites sont parallèles ou sécantes.

a)

b)

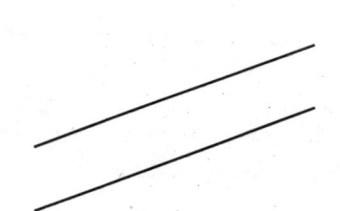

c)

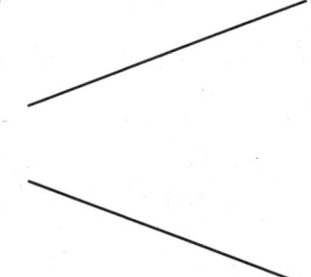

2. Trace une parallèle passant par le point donné.

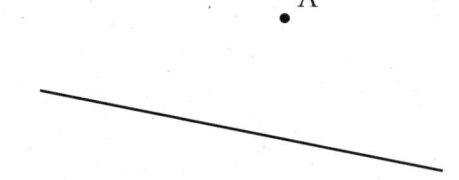

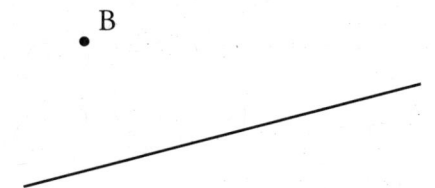

a) •A

b) •B

3. Réfère-toi à la figure ci-contre.

a) Nomme :

1) les droites parallèles : _____

2) une sécante : _____

3) une paire d'angles alternes-externes : _____

4) une paire d'angles correspondants : _____

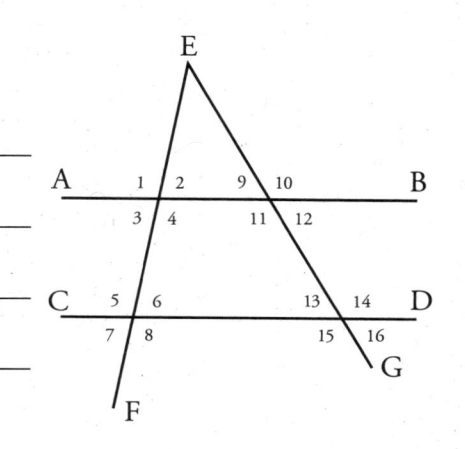

b) Les angles que tu as nommés en 3) et 4) sont-ils isométriques ?
Justifie ta réponse.

_____

_____

_____

_____

Droites perpendiculaires

► Des droites perpendiculaires sont des droites sécantes qui, en se croisant, forment des angles droits (90°).

► On les désigne à l'aide du symbole ⊥.

Exemple :
$d_1 \perp d_2$

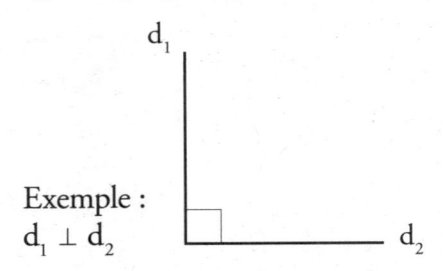

► On peut tracer des droites perpendiculaires à l'aide d'une règle et d'une équerre en suivant la démarche ci-dessous.

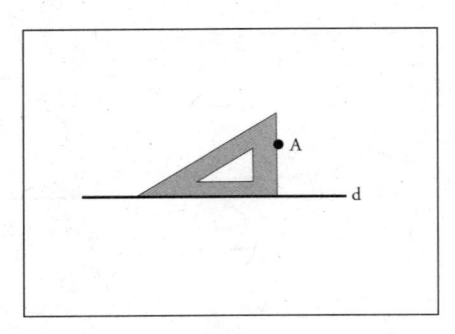

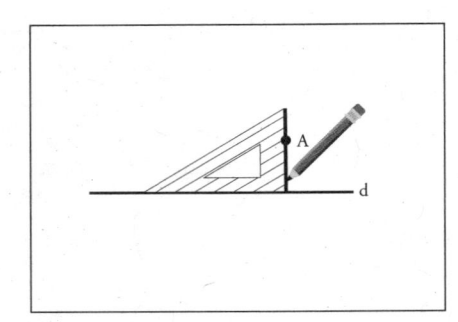

1. **Dans les figures suivantes, relève une paire de droites parallèles et une paire de droites perpendiculaires.**

a)

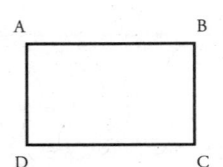

b)

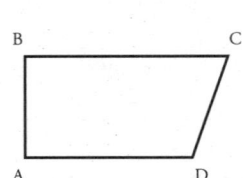

c)

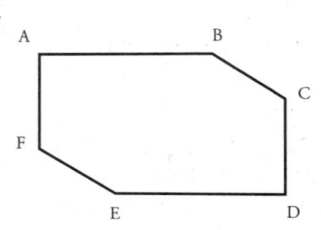

_____   _____   _____

_____   _____   _____

112/ 3R Mathématique

2. **Dans la figure ci-contre, relève :**

   a) une paire de droites parallèles obliques :

   _____

   b) une droite perpendiculaire à AG :

   _____

   c) une paire de droites parallèles verticales :

   _____

3. **En te référant à la figure ci-dessus, trouve les mesures des angles et justifie tes réponses par les énoncés appropriés.**

   a) m ∠ 1 : _____

   _____

   _____

   b) m ∠ 2 : _____

   _____

   _____

   c) m ∠ 3 : _____

   _____

   _____

   d) m ∠ 4 : _____

   _____

   _____

   e) m ∠ 5 : _____

   _____

   _____

Géométrie /113

Polygones

- Un **polygone** est une figure plane fermée, formée par une ligne brisée. Les figures géométriques qui comportent des lignes courbes, comme le cercle, ne sont pas des polygones.

- Les segments de la ligne brisée qui forme le polygone s'appellent les **côtés**. Le point de rencontre de deux côtés s'appelle un **sommet**.

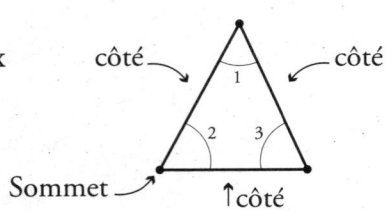

- Un polygone comporte des angles intérieurs formés par la rencontre de deux côtés.

    Exemple :
    1, 2 et 3 sont les angles intérieurs de ce polygone.

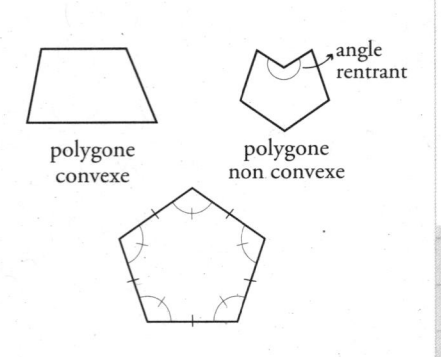

- Un polygone est convexe si la mesure de chacun de ses angles intérieurs est inférieure à 180°.

- Un polygone régulier est un polygone dont tous les côtés et les angles sont isométriques.

---

1. Trace un X sur les polygones.

a)

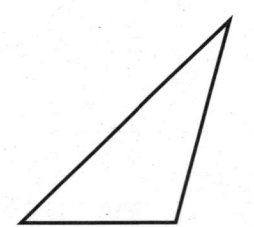

b)

c)

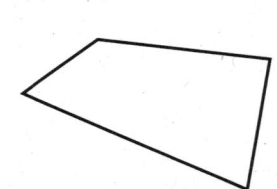

d)

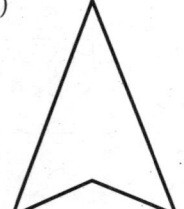

e)

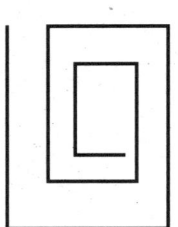

2. Trace un X sur les polygones convexes.

   a)   b)    c)

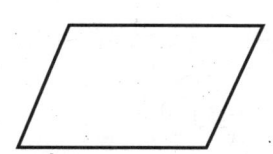

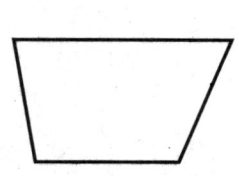

   d)    e)

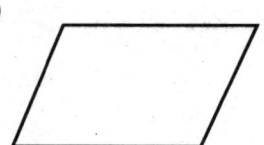

3. Vrai ou faux ?

a) Le triangle isocèle est un polygone régulier. _____

b) Le carré est le seul quadrilatère régulier. _____

c) Certains triangles sont non convexes. _____

d) Un quadrilatère non convexe comporte un angle rentrant. _____

e) Le triangle équilatéral est un polygone régulier. _____

Triangles

▶ Un triangle est un polygone qui possède **3 côtés**.

▶ On classifie les triangles selon les caractéristiques de leurs côtés ou de leurs angles.

Caractéristiques des côtés ou des angles	Nom	Exemple
Trois côtés isométriques	équilatéral	
Deux côtés isométriques	isocèle	
Aucun côté isométrique	scalène	
Trois angles isométriques	équiangle	
Deux angles isométriques	isoangle	
Trois angles aigus	acutangle	80° 80° 20°
Un angle droit	rectangle	
Un angle obtus	obtusangle	105°

▶ La somme des mesures des angles intérieurs d'un triangle est de 180°.

1. Vrai ou faux?

a) Un triangle équilatéral peut être obtusangle. _____

b) Un triangle équilatéral peut comporter un angle de 50°. _____

c) Un triangle isocèle est aussi isoangle. _____

d) Un triangle équilatéral est toujours acutangle. _____

e) Un triangle rectangle peut être isocèle. _____

2. Sans utiliser de rapporteur, détermine les mesures manquantes.

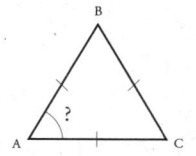

a) [triangle ABC avec angle A = 20°, angle B = 130°, angle C = ?]

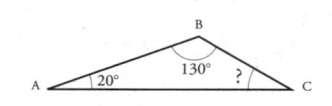

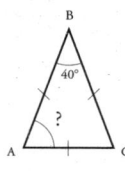

b) [triangle équilatéral ABC, angle A = ?]

c) [triangle isocèle AB = BC, angle B = 40°, angle A = ?]

d) [triangle ABC avec angle A = 45°, angle B = 105°, angle extérieur en C = ?, D sur le prolongement]

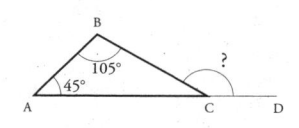

e) [triangle isocèle AB = BC, angle B = 90°, angle C = ?]

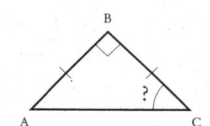

f) [triangle rectangle en A, angle C = 30°, angle B = ?]

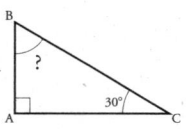

3. Un triangle rectangle possède un angle de 37°. Quelles sont les mesures de ses deux autres angles?

_____

4. Un triangle scalène possède un angle de 105°. La mesure de son deuxième angle est 2 fois supérieure à celle de son troisième angle. Quelles sont les mesures de ces deux angles?

_____

Géométrie /117

Les lignes remarquables dans un triangle : la médiane, la médiatrice et la hauteur

▶ La **médiane** est un segment joignant un sommet au milieu du côté opposé.

Le point de rencontre des trois médianes d'un triangle s'appelle le **centre de gravité**.

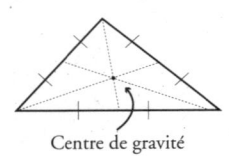

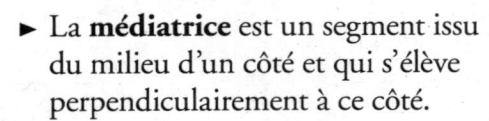

▶ La **médiatrice** est un segment issu du milieu d'un côté et qui s'élève perpendiculairement à ce côté.

▶ La **hauteur** est un segment issu d'un sommet du triangle et qui est perpendiculaire au côté opposé.

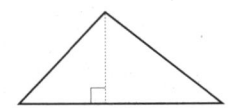

1. Écris le nom du segment tracé à l'intérieur ou à l'extérieur de chaque triangle : médiatrice, médiane, hauteur ou bissectrice.

a) 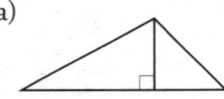 _____ b) 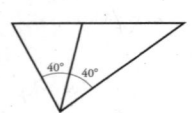 _____ c) 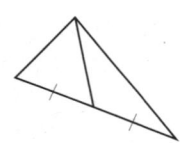 _____ d) _____

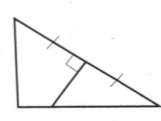

e) 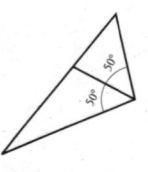 _____ f) 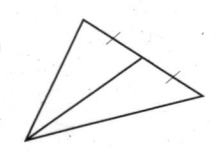 _____ g) 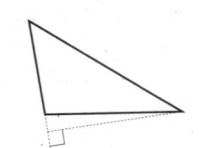 _____ h) _____

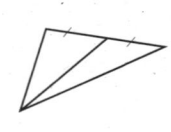

2. Sachant que le segment BD est la bissectrice de l'angle B, calcule la mesure de l'angle ABD. Laisse des traces de ta démarche.

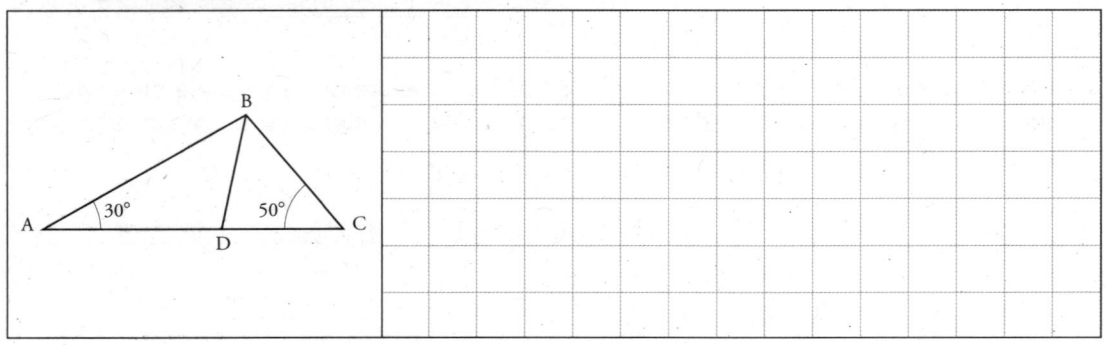

Réponse : _____

118/ 3R Mathématique

3. Sachant que le triangle MNO est équilatéral et que le segment NP est à la fois la hauteur, la médiane, la médiatrice et la bissectrice du triangle, calcule :

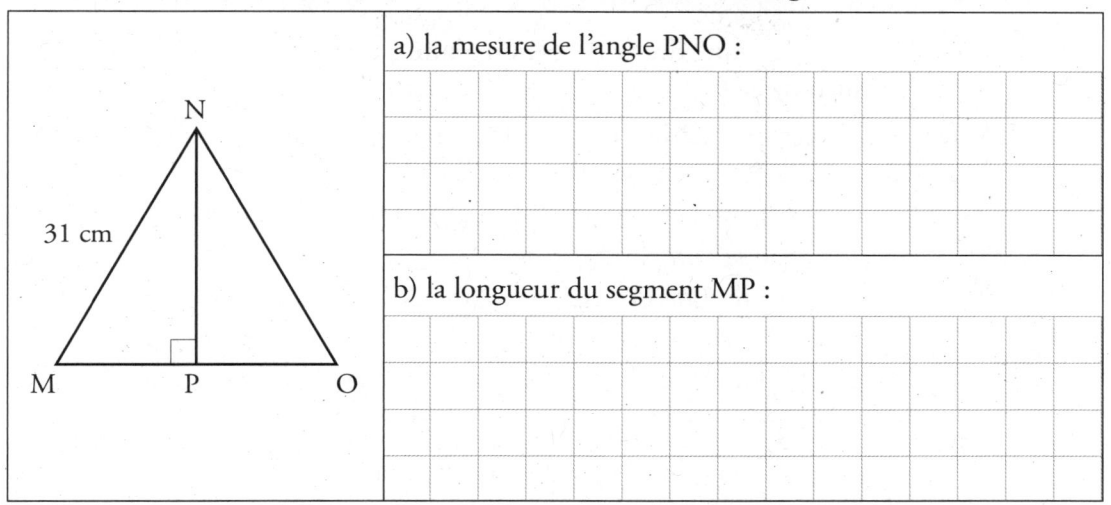

a) la mesure de l'angle PNO :

b) la longueur du segment MP :

4. Sachant que le triangle WXY est rectangle en X et que XZ est la hauteur de ce triangle, calcule :

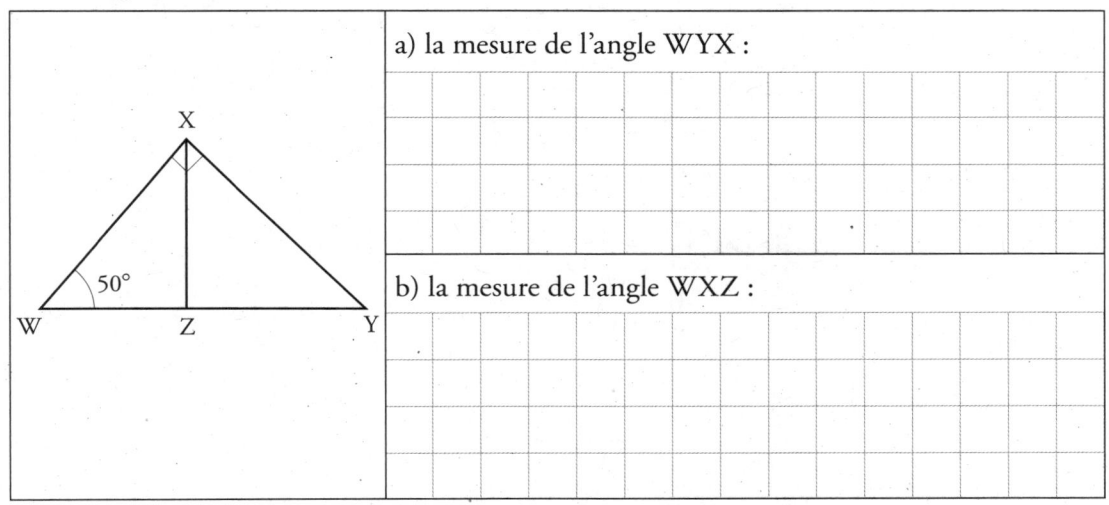

a) la mesure de l'angle WYX :

b) la mesure de l'angle WXZ :

5. Vrai ou faux ?

a) La hauteur d'un triangle est une droite perpendiculaire à l'un des côtés de ce triangle. _____

b) Une bissectrice est un segment qui coupe un côté d'un triangle en deux parties isométriques. _____

c) Les médianes d'un triangle sont perpendiculaires aux côtés de ce triangle. _____

d) Dans un triangle rectangle, les deux côtés de l'angle droit sont des hauteurs de ce triangle. _____

e) Le centre de gravité est le point de rencontre des trois médiatrices d'un triangle. _____

Construction d'une médiatrice

▶ La **médiatrice** est une droite perpendiculaire à un segment et qui passe par le milieu de ce segment.

▶ On peut tracer une médiatrice à l'aide d'une règle et d'un compas en franchissant les étapes suivantes :

1) À partir de chaque extrémité du segment AB, tracer des arcs de cercle de chaque côté du segment.

Le rayon de ces arcs doit dépasser la moitié de la mesure du segment AB.

2) Relier les points de rencontre des arcs de cercle.

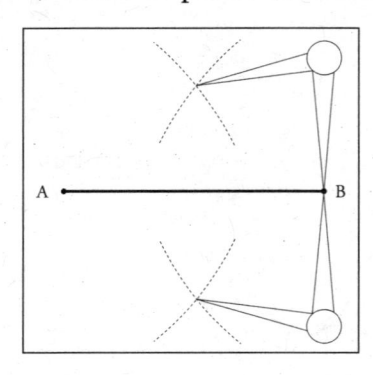

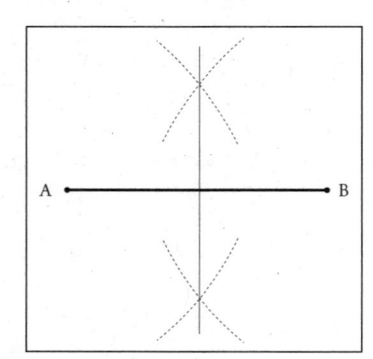

1. Trace les médiatrices de ces segments.

   a)   b)    c)

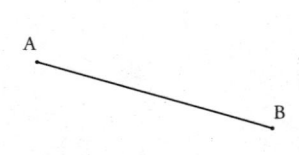

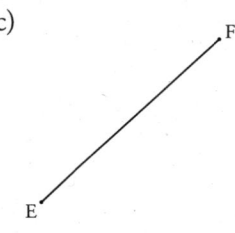

2. Trace les trois médiatrices de chacun de ces triangles.

   a)   b)

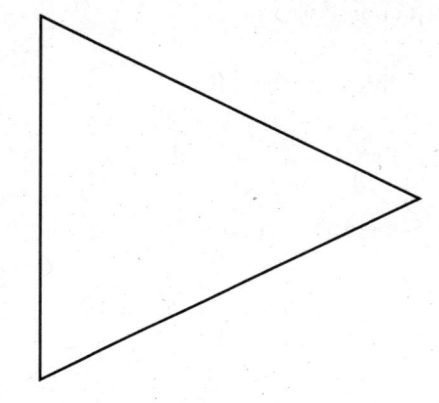

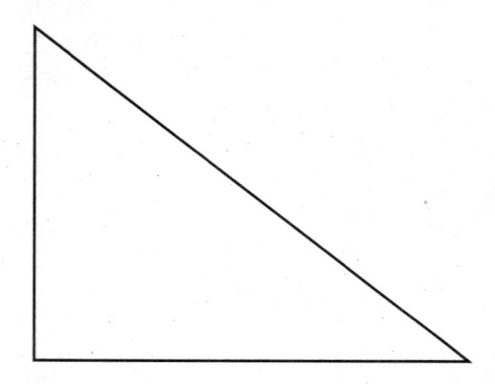

Construction de triangles

Il existe différents cas de construction de triangles.

1) On connaît les mesures des trois côtés.

> Exemple :
> m $\overline{AB}$ = 3 cm ; m $\overline{AC}$ = 2,5 cm ; m $\overline{BC}$ = 4 cm

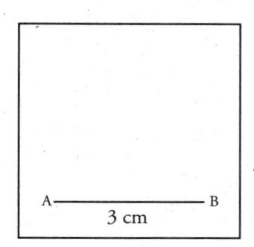

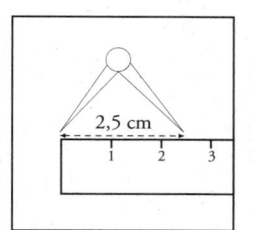

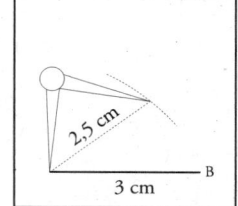

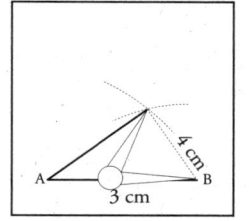

2) On connaît les mesures de deux angles et la mesure du côté situé entre ces deux angles.

> Exemple :
> m $\overline{CD}$ = 3,5 cm ; m $\angle C$ = 50° ; m $\angle D$ = 60°

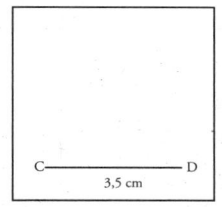

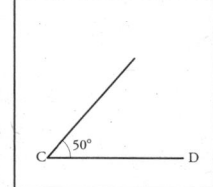

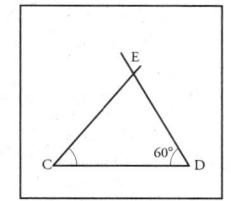

3) On connaît les mesures de deux côtés et la mesure de l'angle formé par ces deux côtés.

> Exemple :
> m $\overline{MN}$ = 4 cm ; m $\overline{MO}$ = 3 cm ; m $\angle M$ = 70°

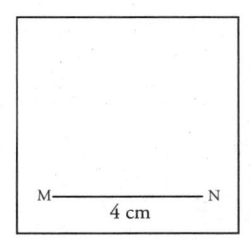

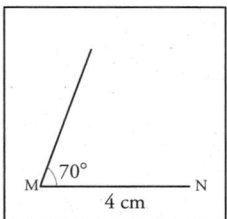

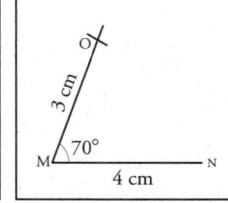

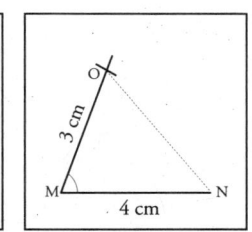

Géométrie /121

1. **Trace les triangles suivants d'après les indications.**

a) Triangle EFG m $\overline{EF}$ = 4,5 cm m ∠E = 25° m ∠F = 65°	b) Triangle BCD m $\overline{BC}$ = 45 mm m $\overline{BD}$ = 3,5 cm m ∠B = 55°
c) Triangle MNO m $\overline{MN}$ = 48 mm m $\overline{MO}$ = 24 mm m $\overline{NO}$ = 4,5 cm	d) Triangle XYZ m ∠X = 75° m ∠Z = 35° m $\overline{XZ}$ = 3,5 cm
e) Triangle JKL m $\overline{JK}$ = 37 mm m $\overline{JL}$ = 4 cm m ∠J = 63°	f) Triangle DEF m ∠D = 105° m ∠E = 25° m $\overline{DE}$ = 3,3 cm

Quadrilatères

▶ On appelle **quadrilatères** les polygones qui possèdent 4 côtés.
▶ On classifie les quadrilatères selon les caractéristiques de leurs côtés et/ou de leurs angles.

Nom	Caractéristiques	Exemples
Quadrilatère quelconque	absence de côtés parallèles	
Trapèze	une paire de côtés parallèles	
Trapèze rectangle	une paire de côtés parallèles deux angles droits	
Trapèze isocèle	une paire de côtés parallèles une paire de côtés non parallèles isométriques	
Parallélogramme	deux paires de côtés parallèles angles opposés isométriques angles consécutifs supplémentaires	
Rectangle	deux paires de côtés parallèles quatre angles droits	
Losange	deux paires de côtés parallèles quatre côtés isométriques angles opposés isométriques angles consécutifs supplémentaires	
Carré	deux paires de côtés parallèles quatre angles droits quatre côtés isométriques	

Géométrie /**123**

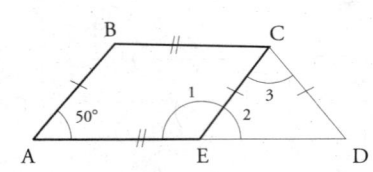

Quadrilatères (suite)

► La somme des mesures des angles intérieurs d'un quadrilatère est de 360°.

► Plusieurs quadrilatères partagent des caractéristiques communes et, de ce fait, partagent la même appellation.

Exemple :
Le rectangle, le losange et le carré sont des parallélogrammes, puisqu'ils possèdent 2 paires de côtés parallèles.
Le parallélogramme, toutefois, n'est ni un losange, ni un rectangle, ni un carré, car il n'en possède pas toutes les caractéristiques.

1. **Nomme tous les quadrilatères qui ont :**

   a) 4 côtés isométriques : _____

   b) 4 angles droits : _____

   c) 2 paires de côtés parallèles : _____

   d) au moins un angle droit : _____

   e) tous les côtés opposés isométriques : _____

2. **Détermine les mesures manquantes sans utiliser d'instruments de mesure et justifie ta démarche.**

   a) [Figure : quadrilatère ABCD avec angle en C = 80°, angle en A = 110°, angle en B droit, angles 1 et 2 en D]

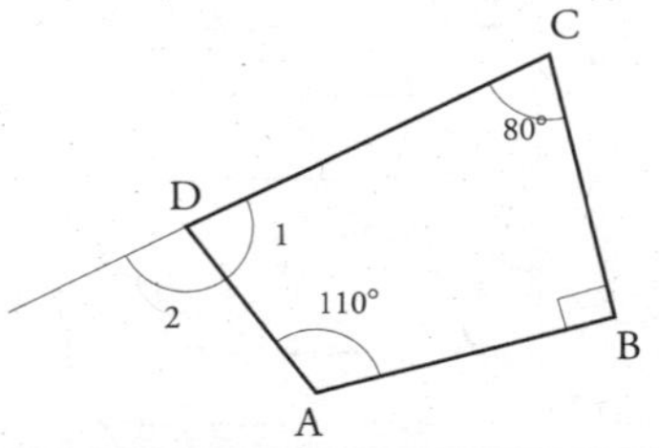

   m ∠1 = _____

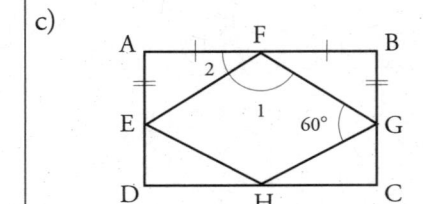

   m ∠2 = _____

   b) [Figure : parallélogramme/triangles avec angle de 50° en A, angles 1, 2, 3 marqués]

   m ∠1 = _____

   m ∠2 = _____

   m ∠3 = _____

   c) [Figure : rectangle ABCD avec losange EFGH, angle de 60° en G, angles 1 et 2 marqués]

   m ∠1 = _____

   m ∠2 = _____

124/ 3R Mathématique

d)

m ∠1 = _____

m ∠2 = _____

m ∠3 = _____

▶ La **diagonale** est un segment qui joint deux sommets non consécutifs d'un polygone.

Quadrilatères	Caractéristiques des diagonales	Exemples
Trapèze isocèle	isométriques	AC ≅ BD
Parallélogramme	se coupent en leur milieu	
Rectangle	isométriques se coupent en leur milieu	
Losange	se coupent en leur milieu perpendiculaires	
Carré	se coupent en leur milieu isométriques perpendiculaires	

▶ **L'axe de symétrie** est un segment qui sépare une figure en deux parties isométriques et superposables.

Quadrilatères	Nombre d'axes de symétrie	Exemples
Trapèze isocèle	1	
Parallélogramme	0	
Rectangle	2	
Losange	2	
Carré	4	

1. **Nomme le ou les quadrilatères qui possèdent les caractéristiques suivantes.**
   a) diagonales isométriques : _____
   b) aucun axe de symétrie : _____
   c) diagonales perpendiculaires : _____
   d) diagonales qui se coupent en leur milieu : _____
   e) un seul axe de symétrie : _____

2. Réponds aux questions et justifie tes réponses à l'aide d'un ou plusieurs énoncés.

a) ABCD est un parallélogramme. BED est un triangle isocèle. m $\overline{BO}$ = 2,1 cm

Quelle est la mesure de $\overline{DE}$?

_____
_____
_____

b) ABCD est un losange.
Quel énoncé géométrique permet d'affirmer que :
1) le triangle BOC est un triangle rectangle ?
2) le triangle BCD est isocèle ?

1) _____
_____
2) _____
_____

c) ABCD est un carré.
Pourquoi peut-on affirmer que ∠ 1 mesure 45° ?

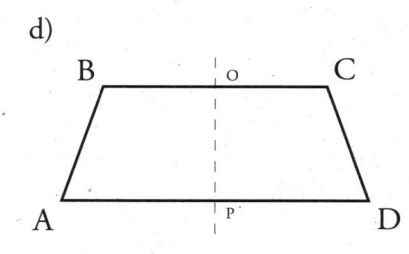

_____
_____
_____
_____

d) Si $\overline{OP}$ est un axe de symétrie, que peut-on affirmer de façon certaine à propos du trapèze ABCD ?

_____
_____
_____
_____

Périmètre

▶ On classifie les polygones selon le nombre de côtés qu'ils possèdent.

Nombre de côtés	Nom du polygone	Nombre de côtés	Nom du polygone
3	triangle	8	octogone
4	quadrilatère	9	ennéagone
5	pentagone	10	décagone
6	hexagone	11	hendécagone
7	heptagone	12	dodécagone

▶ Le **périmètre** est la somme des mesures de tous les côtés d'un polygone. Lorsque le polygone est régulier, on multiplie la mesure d'un côté par le nombre de côtés.

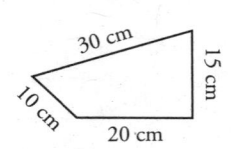

P = 10+20+15+30 = 75 cm   P = 6 × 3,5 = 21 cm

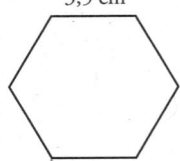

1. Quel est le périmètre d'un octogone régulier mesurant 15,06 cm de côté ?

2. Un heptagone régulier a un périmètre de 100 m. Quelle est la mesure d'un de ses côtés ? Arrondis la réponse au centième près.

3. La grande base d'un trapèze isocèle mesure 15,6 m. Ses côtés isométriques mesurent 7,3 m. Si son périmètre mesure 45 m, quelle est la mesure de sa petite base ?

4. Un losange a un périmètre de 112,36 dam. Quelle est la mesure de chacun de ses côtés ?

5. Quel est le plus grand périmètre : celui d'un carré mesurant 102,35 m de côté ou celui d'un rectangle ayant 150,14 m de longueur et 51,75 m de largeur ?

6. Le périmètre d'un rectangle mesure 150,78 hm. Sa largeur mesure 35,3 hm. Quelle est la mesure de sa longueur ?

Système international d'unités (SI)

▶ Le système international d'unités obéit aux mêmes lois que le système de numération en base 10 : chaque unité a une valeur 10 fois supérieure à celle située immédiatement à sa droite et 10 fois inférieure à celle située immédiatement à sa gauche.

▶ L'unité de base des mesures de longueur est le **mètre**. Le décimètre, le centimètre et le millimètre correspondent respectivement à un dixième, un centième et un millième de mètre.

Le décamètre, l'hectomètre et le kilomètre sont respectivement des groupements de 10, 100 et 1 000 mètres.

▶ On peut opérer facilement des conversions d'une unité en une autre en utilisant un tableau comme ci-dessous.

Lorsqu'on y inscrit une mesure, le chiffre des unités doit être inscrit sous le nom de cette mesure.

Si on désire transformer 123,05 m en unités plus petites, on enlève la virgule et on inscrit des zéros jusqu'à la position désirée.

   Exemple : 123,05 m = 123 050 mm.

Si on désire transformer la mesure en unités plus grandes, on recule jusqu'à la position désirée et on insère une virgule immédiatement à droite de cette position. Si certaines positions ne comportent aucun chiffre, on y met des zéros.

   Exemple :
   123,05 m = 1,2305 hm ou 0,123 05 km

km	hm	dam	m	dm	cm	mm
	1	2	3	0	5	0
	1	2	3	0	5	
0	1	2	3	0	5	

1. **Effectue les transformations.**

   a) 6 500 m = _____ km   b) 38 dm = _____ m   c) 4 500 dam = _____ km

   d) 8 500 mm = _____ dam   e) 12 500 hm = _____ km   f) 0,5 km = _____ dm

   g) 525 dm = _____ dam   h) 0,07 km = _____ hm   i) 645 dm = _____ hm

   j) 8,4 hm = _____ cm   k) 7,5 dam = _____ mm   l) 10 500 mm = _____ cm

2. **Compare à l'aide des signes < , > et = .**

   a) 0,005 km ☐ 50 m   b) 365 dam ☐ 0,365 km   c) 800 cm ☐ 0,8 km

   d) 7,05 dam ☐ 750 cm   e) 0,005 km ☐ 500 dam   f) 0,03 m ☐ 30 mm

3. **Écris l'unité de mesure qui convient pour que ces égalités soient vraies.**

   a) 1,5 m = 1 500 _____   b) 3,8 m = 0,38 _____   c) 3,5 _____ = 350 m

   d) 48 dm = 0,48 _____   e) 0,4 _____ = 4 000 mm   f) 0,05 hm = 500 _____

   g) 665 hm = 66,5 _____   h) 6 450 _____ = 64,5 dm

4. **Écris les mesures suivantes en enlevant la virgule et en utilisant l'unité de mesure appropriée pour que l'égalité reste vraie. Exemple : 1,35 m = 135 cm**

   a) 6,05 km = _____   b) 0,314 m = _____   c) 0,005 hm = _____   d) 13,14 dam = _____

   e) 1,007 m = _____   f) 35,05 hm = _____   g) 0,06 dm = _____   h) 0,064 km = _____

5. **Place ces mesures en ordre croissant.**

   2,05 km   2 500 m   0,25 hm   250 dam   25 000 cm

   _____

6. **On coupe une tige de métal de 1,75 m en morceaux de 5 cm. Combien de morceaux obtiendra-t-on ?**

   _____

7. **Jules et son frère s'exercent à la course. Jules parcourt 3,5 km par jour, alors que son frère parcourt les 4/5 de cette distance. Combien de mètres Jules parcourt-il de plus que son frère en une semaine ?**

   Démarche :

   Réponse : _____

Somme des mesures des angles intérieurs d'un polygone

▶ Un polygone possède autant d'angles intérieurs que de côtés.

Pour connaître la somme des mesures des angles intérieurs d'un polygone convexe, on le sépare d'abord en triangles en traçant des diagonales à partir d'un même sommet. On constate alors que le nombre de triangles est inférieur de 2 au nombre de côtés (n).

Il ne reste qu'à multiplier le nombre de triangles par 180°.

Somme des mesures des angles intérieurs : $(n - 2) \times 180°$

Exemple :
La somme des angles intérieurs d'un hexagone est $(6 - 2) \times 180° = 720°$.

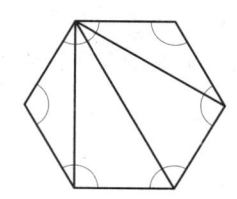

▶ Pour connaître la mesure d'un angle, il suffit de diviser la somme des angles intérieurs par le nombre d'angles, qui est égal au nombre de côtés.

Mesure d'un angle intérieur : $\frac{(n-2) \times 180}{n}$

Exemple :
La mesure d'un angle intérieur d'un hexagone = $\frac{720}{6}$ = 120°

▶ Si on connaît la somme des mesures des angles intérieurs, on peut trouver de quel polygone il s'agit en faisant les opérations inverses de celles de la formule.

Exemple : Somme des angles intérieurs = 720°

On divise par 180 pour trouver combien de triangles sont contenus dans la figure : 720 ÷ 180 = 4. On ajoute 2 : 4 + 2 = 6. Il s'agit donc d'un hexagone.

---

1. Trouve la somme des mesures des angles intérieurs des polygones réguliers suivants.

a) pentagone : _____

b) octogone : _____

c) heptagone : _____

d) polygone régulier à 20 côtés : _____

2. Trouve la mesure d'un angle intérieur des polygones réguliers suivants.

   a) octogone : _____

   b) ennéagone : _____

   c) pentagone : _____

   d) dodécagone : _____

   e) hexagone : _____

3. La somme des mesures des angles intérieurs d'un polygone est de 1 620° et la mesure d'un côté est de 30 cm. Quel est le nom de ce polygone et quel est son périmètre ?

   Démarche :

   Réponse : Ce polygone est un _____ et son périmètre mesure _____ .

4. Le périmètre d'un polygone régulier mesurant 12,08 hm de côté est de 108,72 hm. Quelle est la mesure d'un angle intérieur de ce polygone ?

   Démarche :

   Réponse : La mesure d'un angle intérieur de ce polygone est _____ .

5. L'angle intérieur d'un polygone régulier mesure 144°. Son périmètre est de 165,75 dm et la mesure d'un de ses côtés est de 16,575 dm. Quelle est la somme des mesures des angles intérieurs de ce polygone ?

   Démarche :

   Réponse : La somme des mesures des angles intérieurs de ce polygone est _____ .

Angles extérieurs d'un polygone convexe

▶ En prolongeant chaque côté d'un polygone convexe, on crée des **angles extérieurs**. Chaque angle intérieur forme avec son angle extérieur une paire d'angles adjacents dont les côtés extérieurs sont en ligne droite. Ils sont donc **supplémentaires**.

La somme des mesures des angles extérieurs d'un polygone convexe est de **360°**.

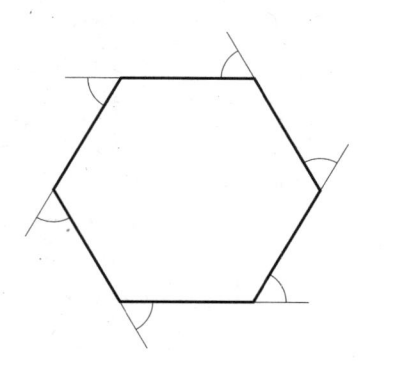

1. **Sans utiliser d'instruments de mesure, trouve les mesures manquantes.**

a)

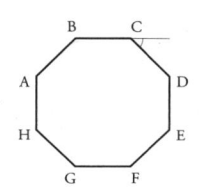

b)

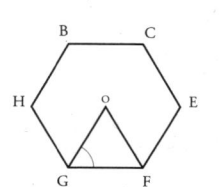

c)

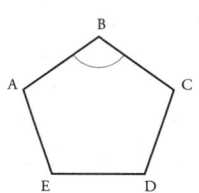

d)

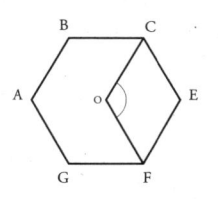

e)

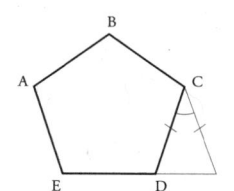

f)

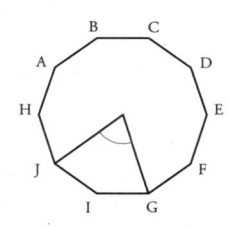

g)

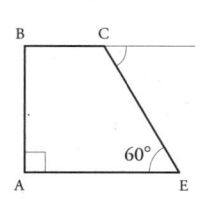

h)

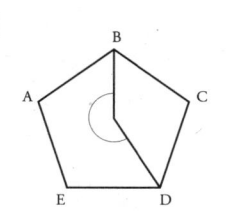

Construction de polygones

▶ Avant de construire un polygone régulier, il est bon de se rappeler que chaque polygone peut être divisé, à partir du centre, en autant de triangles isocèles qu'il y a de côtés dans le polygone.

La somme de tous les angles qui entourent le centre est de 360°.

Sachant que la somme des mesures des angles d'un triangle est de 180°, on peut connaître les mesures des deux autres angles :

m ∠1 : 360° ÷ 6 = 60°

m ∠2 et m ∠3 = $\frac{180 - 60}{2}$ = 60°

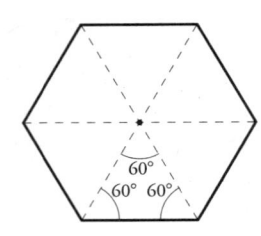

L'hexagone est le seul polygone régulier contenant des triangles équilatéraux. Les autres contiennent des triangles isocèles.

▶ On peut construire des polygones réguliers en appliquant un des procédés suivants.

Exemple :
Construire un pentagone régulier de 2 cm de côté.

1) Tracer un des triangles intérieurs en calculant ses angles comme il est indiqué ci-contre (m ∠ au centre de 72° et deux angles de 54°). À partir du sommet, tracer un nouvel angle de 72° et compléter le deuxième triangle. Répéter cette opération jusqu'à ce que la figure soit complète.

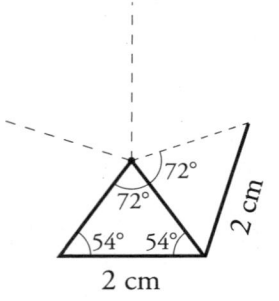

2) Tracer un côté de 2 cm, puis tracer de chaque côté les angles intérieurs du pentagone :

$\frac{(5 - 2) \times 540}{5} = \frac{540}{5} = 108°$.

Construction de polygones (suite)

Prolonger les deux nouveaux côtés pour qu'ils mesurent 2 cm. Répéter l'opération jusqu'à ce que la figure soit complète.

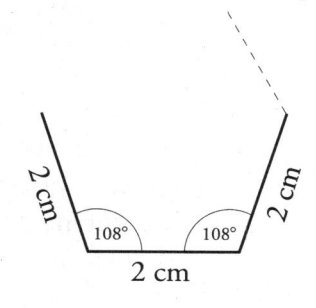

3) Sachant que l'angle au sommet d'un pentagone mesure $\frac{360}{5} = 72°$, tracer 5 angles de 72° ayant le même sommet de manière à former une étoile. À l'aide d'une règle, joindre les branches de l'étoile à l'aide de lignes de 2 cm.

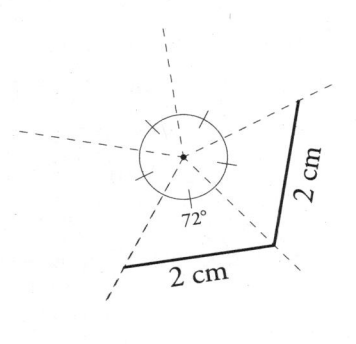

1. **Construis un hexagone régulier mesurant 2,5 cm de côté.**

2. **Construis un octogone régulier mesurant 2 cm de côté.**

Géométrie /135

Translation

▶ La **translation** est une transformation géométrique qui permet de **déplacer** une figure. À la **figure initiale** est alors associée une **figure image**.

▶ Ce déplacement possède trois caractéristiques – la **direction**, le **sens** et la **longueur** – qui sont indiquées par la **flèche de translation**. Cette flèche est accompagnée du symbole t.

▶ La translation est une transformation qui produit une figure isométrique. La figure initiale n'est donc pas déformée.

▶ Procédé
  1) Tracer d'abord des droites parallèles à la flèche de translation et passant par chacun des sommets de la figure.
  2) À l'aide d'un compas, déplacer chaque sommet d'une longueur égale à celle de la flèche de translation.
  3) Relier les points obtenus pour reconstituer la figure initiale.

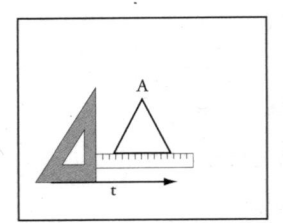

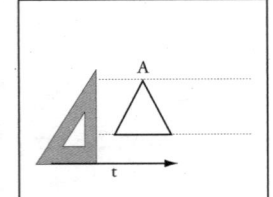

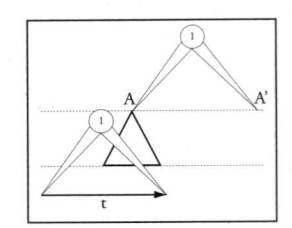

---

1. En te référant au quadrillé ci-dessous, détermine les translations ayant :

   a) le même sens : _____

   b) la même longueur : _____

   c) la même direction : _____

   d) des sens contraires : _____

   e) la même longueur, mais une direction différente : _____

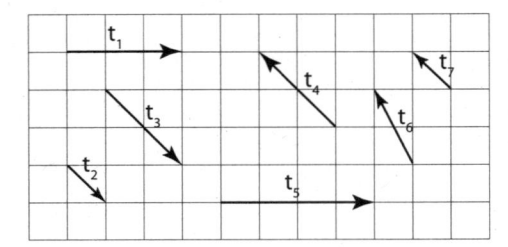

136/ 3R Mathématique

2. Dans le plan quadrillé ci-dessous, trace :

   a) A' par la translation t_1 ;

   b) B' par la translation t_2 ;

   c) C' par la translation t_3 ;

   d) D' par la translation t_4.

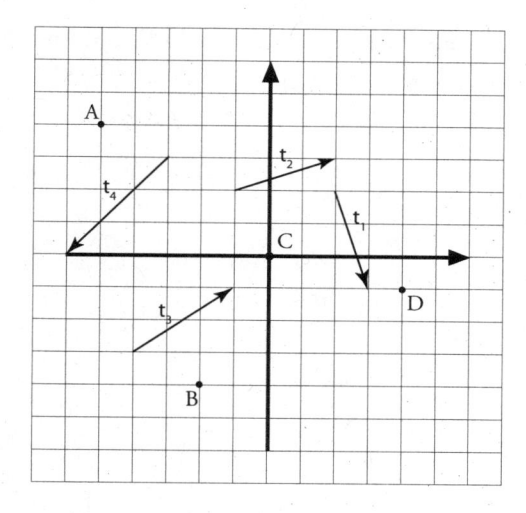

3. Dans chaque case, détermine si la figure image a été obtenue par la translation indiquée.

   a)   b) 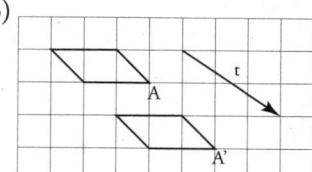   c)

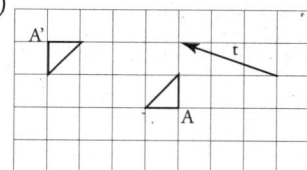

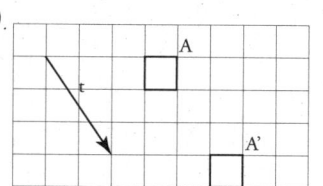

4. À partir du point, trace la flèche de translation qui associe la figure image à la figure initiale.

   a) t_1 b) t_2 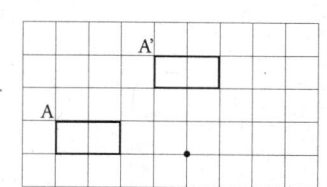   c) t_3

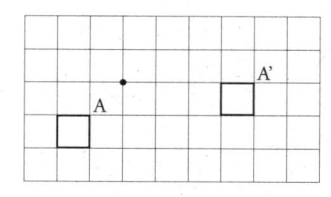

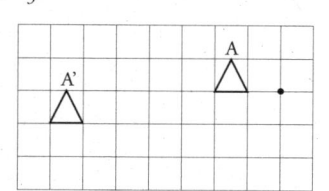

5. Encercle la flèche de translation qui associe la figure image à la figure initiale.

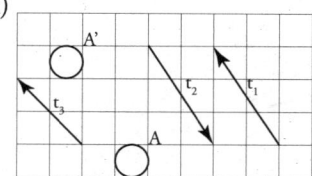

   a)   b) 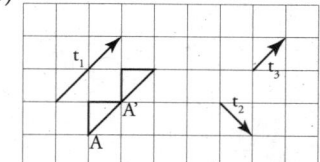   c)

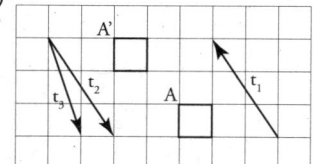

Géométrie /137

6. Dans chaque cas, trace la figure image par la translation dont la flèche est donnée.

a)

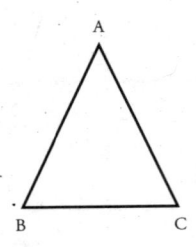

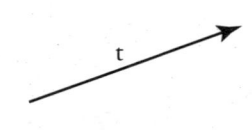

b)

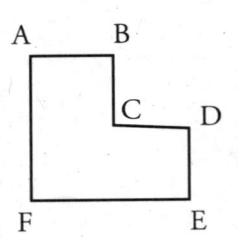

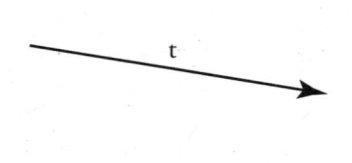

c)

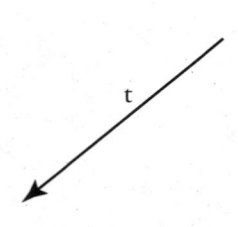

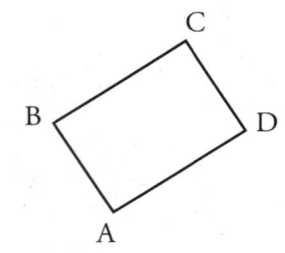

d)

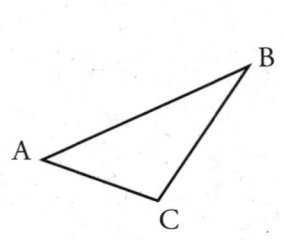

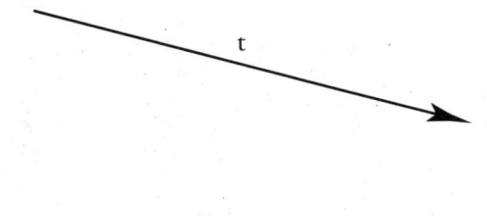

138/ 3R Mathématique

Réflexion

- La **réflexion** est une transformation géométrique qui permet de **retourner** une figure par rapport à une droite appelée **axe de réflexion**.

- Comme la translation, la réflexion produit une **figure isométrique**. La figure initiale n'est donc pas déformée.

- Procédé
    1) Tracer des droites perpendiculaires à l'axe de réflexion et passant par chacun des sommets.

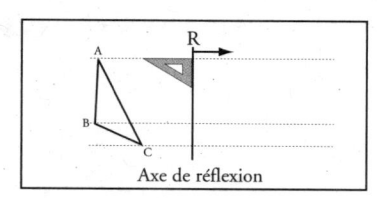

    2) À l'aide d'un compas, reporter la distance entre chaque sommet et l'axe.

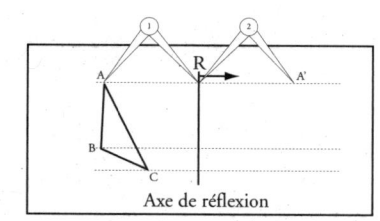

    3) Réunir les points obtenus pour reconstituer la figure.

- Pour obtenir l'axe de réflexion qui a permis de retourner la figure, il suffit de relier les points milieux des segments qui joignent les sommets de la figure.

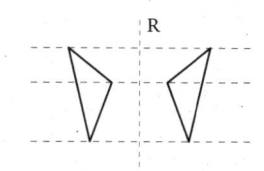

---

1. Indique si la figure image a été obtenue par une réflexion par rapport à l'axe donné.

a) 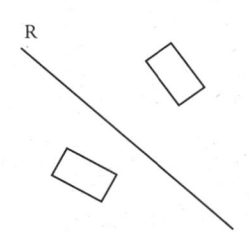   b) 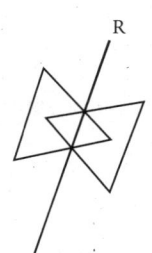   c)

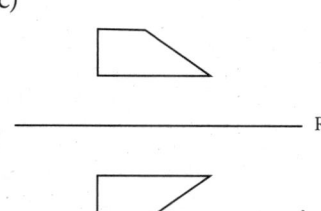

_____   _____   _____

Géométrie /139

2. Dans chaque plan quadrillé, trace l'image de la figure par la réflexion donnée.

a)   b) 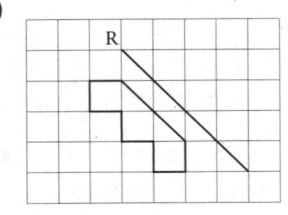   c)

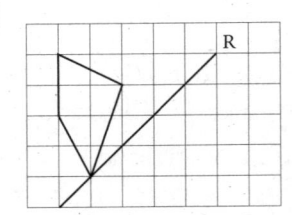

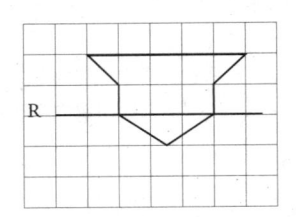

3. Trace l'image de chaque figure par la réflexion donnée.

a)   b)

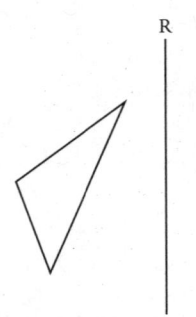

c) 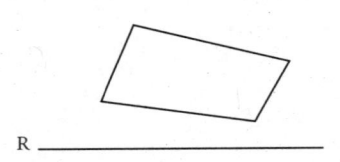   d)

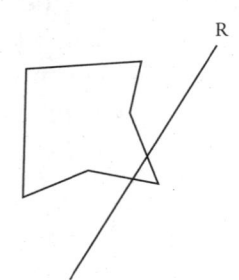

4. Trace l'axe de réflexion qui associe la figure image à la figure initiale.

a)   b)

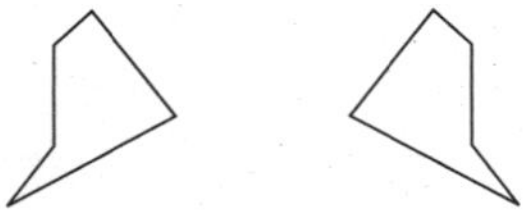

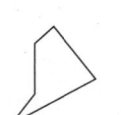

140/ 3R Mathématique

Rotation

- La rotation est une transformation qui permet de faire **tourner** une figure autour d'un centre appelé **centre de rotation**. Ce déplacement s'effectue selon un **sens** et un **angle** de rotation donnés par la **flèche de rotation**.

- On représente une rotation par le symbole *r*.

- Un déplacement de la figure dans le sens **antihoraire** constitue une rotation positive. Un déplacement dans le sens **horaire** constitue une rotation négative. Puisqu'un cercle comporte 360°, une rotation de 90° correspond à une rotation de −270°.

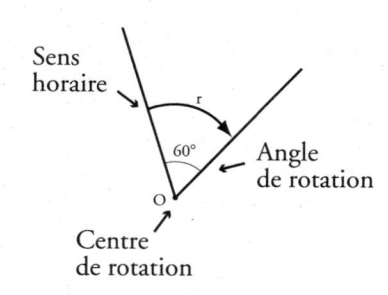

- Procédé

  1) À partir du centre de rotation, tracer des cercles passant par chacun des sommets de la figure à déplacer.

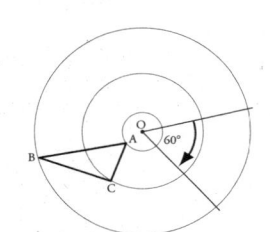

  2) À l'aide d'un compas, mesurer l'arc intercepté par l'angle de rotation sur un cercle donné.

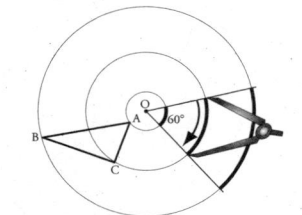

  3) Déplacer le sommet situé sur ce cercle d'un longueur égale à celle captée par le compas, dans le sens indiqué par la flèche de rotation.

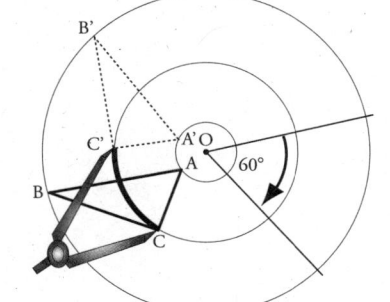

  4) Répéter l'opération pour chacun des sommets, puis relier les points pour reconstituer la figure initiale.

- Comme la translation et la réflexion, la rotation crée une image **isométrique**.

1. À l'aide d'un rapporteur, trace les flèches de rotation qui correspondent aux indications données.

   a) Rotation de 90° dans le sens antihoraire   b) Rotation de 35° dans le sens horaire

   •O   •O

2. Trace l'image de chaque figure par la rotation indiquée.

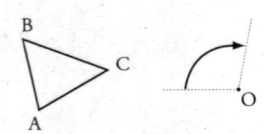

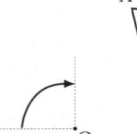

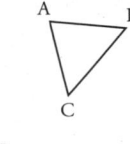

   a)   b)

   c) Rotation de centre M et d'angle 45°   d) Rotation de centre N et d'angle -120°

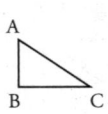

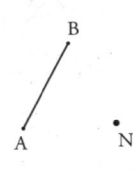

142/ 3R Mathématique

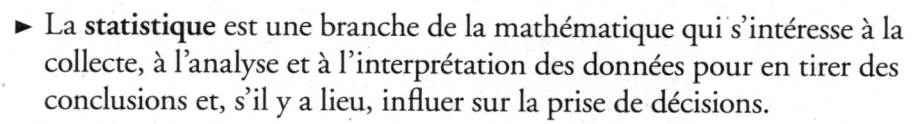

STATISTIQUE

Statistique

- La **statistique** est une branche de la mathématique qui s'intéresse à la collecte, à l'analyse et à l'interprétation des données pour en tirer des conclusions et, s'il y a lieu, influer sur la prise de décisions.
- Une étude statistique qui porte sur l'ensemble d'une population est un **recensement**. Si la population est constituée d'objets, on parlera plutôt d'**inventaire**.

  Si l'étude porte sur un échantillon de la population, on l'appelle un **sondage**.
- La **population** constitue l'ensemble des personnes ou des objets sur lesquels porte l'étude.
- Le **caractère** est ce sur quoi porte l'étude.

  Si les données recueillies sont constituées de mots (exemple : nom du groupe de musique préféré) ou de numéros qui constituent des codes et non des quantités (exemple : code postal), elles sont de **type qualitatif**.

  Si les données recueillies sont des nombres qui expriment des quantités (exemple : taille, nombre d'heures d'étude, etc.), elles sont de **type quantitatif**.
- L'**étendue** d'une distribution est la différence entre la donnée ayant la plus grande valeur et celle ayant la plus petite valeur.

  Exemple :
  Dans un groupe de personnes déclarant consacrer de 0 à 5 h par semaine à l'exercice physique, l'étendue est de 5 (5 − 0 = 5).

1. **Indique si les énoncés qui suivent les descriptions de cas sont vrais ou faux.**

   a) On interroge une grande partie des habitants du quartier Mille-Fleurs pour savoir s'ils sont favorables à l'installation d'un parc sur un terrain inoccupé de la rue Lilas.

   1) Les habitants de la rue Lilas constituent la population étudiée. _____

   2) Le caractère étudié est de type qualitatif. _____

   3) Il s'agit d'un recensement. _____

b) Avant la fin de l'été, un marchand d'articles de sport dresse la liste de tous les articles contenus dans son magasin et dans son entrepôt. Cette opération le guidera dans l'organisation de la vente de fin de saison avant que la nouvelle marchandise n'arrive.

1) Cette étude constitue un inventaire. _____
2) La population étudiée est la clientèle. _____
3) Le caractère étudié est la préférence des consommateurs en matière de sports. _____
4) Le caractère étudié est de type quantitatif. _____

2. **Ces rectangles contiennent les descriptions de populations et de caractères qui pourraient constituer les éléments d'une étude.**

Populations	Caractères étudiés
A) Un client sur 10 de tous les clients qui entrent dans un magasin	1) Le nombre d'heures consacrées aux études en moyenne chaque semaine
B) Tous les élèves de 1re secondaire	2) La marque préférée de biscuits
C) Environ 1 000 personnes choisies au hasard dans l'annuaire téléphonique.	3) L'opinion au sujet du port d'un uniforme à l'école
D) Environ 500 élèves choisis au hasard parmi toutes les classes d'une école secondaire	4) Le nombre de livres lus durant le dernier mois
E) Tous les employés d'une usine	5) Le degré de satisfaction à l'égard des services offerts
	6) Le nombre d'accidents de travail dont ils ont été victimes

Utilise les éléments contenus dans les rectangles ci-dessus pour décrire des études qui respectent les critères donnés.

a) Un recensement dont le caractère étudié serait de type qualitatif.

_____

b) Un sondage dont le caractère étudié serait de type quantitatif.

_____

c) Un recensement dont le caractère étudié serait de type quantitatif.

_____

d) Un sondage dont le caractère étudié serait de type qualitatif.

_____

Tableau de distribution

▶ Pour présenter de manière claire et concise les données d'un sondage, on utilise un **tableau de distribution**.

▶ Les **principaux éléments** d'un tableau de distribution sont :

1) le **titre** du tableau ;

2) l'**en-tête de chaque colonne** (celle de gauche est liée au caractère étudié, celle de droite est l'effectif) ;

3) dans la colonne de gauche, les **valeurs** (type quantitatif) ou les **modalités** (caractère qualitatif), c'est-à-dire les différentes formes qu'ont pu prendre les données recueillies ;

4) dans la colonne de droite, l'**effectif** ou le nombre de fois qu'un répondant ou une répondante a choisi une modalité ;

5) au bas du tableau, l'effectif total.

Répartition des élèves
par niveau, école secondaire Le Succès

Niveau	Effectif
1re secondaire	240
2e secondaire	255
3e secondaire	190
4e secondaire	270
5e secondaire	225
Total	1180

1. Sacha a mené une enquête auprès des élèves de sa classe pour connaître le nombre de téléviseurs que possède chaque famille. Voici les résultats qu'il a obtenus.

1	3	2	2	3	4	1	2	2	2
3	4	1	2	5	2	2	3	3	2
4	1	3	2	1	3	2	4	1	2

   a) Dessine le tableau de distribution qui peut aider Sacha à compiler ses résultats.

   b) Combien d'élèves Sacha a-t-il interrogés ? _____

Moyenne

▶ En statistique, la moyenne est une mesure parmi d'autres pour analyser une situation.
La moyenne suggère l'idée d'une répartition égale. Ainsi, affirmer que la moyenne de la classe au dernier examen a été de 75 % équivaut à dire que si tous les élèves avaient obtenu la même note, celle-ci aurait été de 75 %.

▶ On calcule la moyenne en additionnant toutes les données et en divisant par le nombre total de données.

Exemple :
Si un élève a obtenu des résultats de 72 %, 78 %, 85 %, 70 % et 82 % aux cinq derniers examens, sa moyenne sera de :

$$\frac{72 + 78 + 85 + 70 + 82}{5} = \frac{387}{5} = 77,4\ \%$$

▶ Si on connaît la moyenne et qu'on cherche une des données, on effectue la démarche inverse.

Exemple : $72 + 78 + 85 + 70 + ? = ? \div 5 = 80$
$80 \times 5 = 400 - (72 + 78 + 85 + 70) = 400 - 305 = 95$.

Pour obtenir une moyenne de 80 %, cet élève devra donc obtenir un résultat de 95 % au cinquième examen.

1. On a noté dans le tableau ci-dessous les températures observées à Québec et à Ottawa l'année dernière.

	Janv.	Fév.	Mars	Avril	Mai	Juin	Juillet	Août	Sept.	Oct.	Nov.	Déc.
Québec	−10° C	−6,2° C	4,6° C	7,5° C	9,8° C	15,7° C	18° C	18,5° C	13,7° C	9,8° C	3,2° C	−3,5° C
Ottawa	−5,7° C	−3° C	6,8° C	11° C	14,8° C	20,4° C	22° C	23,2° C	17,1° C	10,5° C	4,5° C	−0,2° C

a) Quelle a été la température moyenne de l'année à Montréal ? _____

b) Quelle a été la température moyenne de l'année à Ottawa ? _____

c) En juillet et août, de combien la moyenne des températures à Ottawa a-t-elle été plus élevée que celle des températures à Québec ? _____

2. Karl a interrogé un certain nombre de filles et de garçons de son école pour connaître le nombre d'enfants par famille. Voici les résultats qu'il a obtenus : 4 familles ne comptaient qu'un enfant, 12 familles avaient 2 enfants, 4 familles avaient 3 enfants et 2 familles en comptaient 4. Combien d'enfants ces familles ont-elles en moyenne ?

Démarche :

Réponse : _____

3. En mathématique, Tristan aimerait obtenir une moyenne de 85 % pour le sommaire de l'année. Ses résultats des quatre étapes ont été 78 %, 83 %, 86 % et 80 %. Si la note de l'examen final compte dans la même proportion que celles des quatre étapes, quel résultat devra-t-il obtenir pour atteindre son objectif ?

Démarche :

Réponse : _____

4. Un groupe de 7 personnes se rencontrent régulièrement pour jouer aux cartes. Leur moyenne d'âge est de 45 ans. Elles trouvent un huitième partenaire et la moyenne de leurs âges est ramenée alors à 43 ans. Quel est l'âge de ce nouveau partenaire ?

Démarche :

Réponse : _____

5. Voici le tableau de distribution qui indique les résultats d'une enquête portant sur la somme d'argent que 25 adolescents consacrent chaque semaine à leurs loisirs.

Quelle somme d'argent ces jeunes consacrent-ils en moyenne par semaine à leurs loisirs ?

Somme consacrée aux loisirs

Somme ($)	Effectif
10 $	8
15 $	12
20 $	3
25 $	2
Total	25

Démarche :

Réponse : _____

Diagramme à bandes

▶ On utilise généralement le **diagramme à bandes** pour représenter les résultats d'une étude portant sur des données à **caractère qualitatif**.

▶ Les principaux **éléments** d'un diagramme à bandes sont :

1) le **titre** ;

2) un **axe horizontal** et un **axe vertical** ;

3) l'identification de chacun des axes (on doit préciser, le cas échéant, l'**unité de mesure** employée : $, km, etc.) ;

4) une graduation selon un **pas de graduation** constant tout au long de l'axe qui représente l'effectif (pour déterminer le pas de graduation, on divise le plus grand effectif par un nombre situé entre 5 et 10 et on choisit le nombre arrondi le plus approprié) ;

5) des bandes de même largeur et séparées par des espaces égaux (elles peuvent être disposées à l'horizontale ou à la verticale).

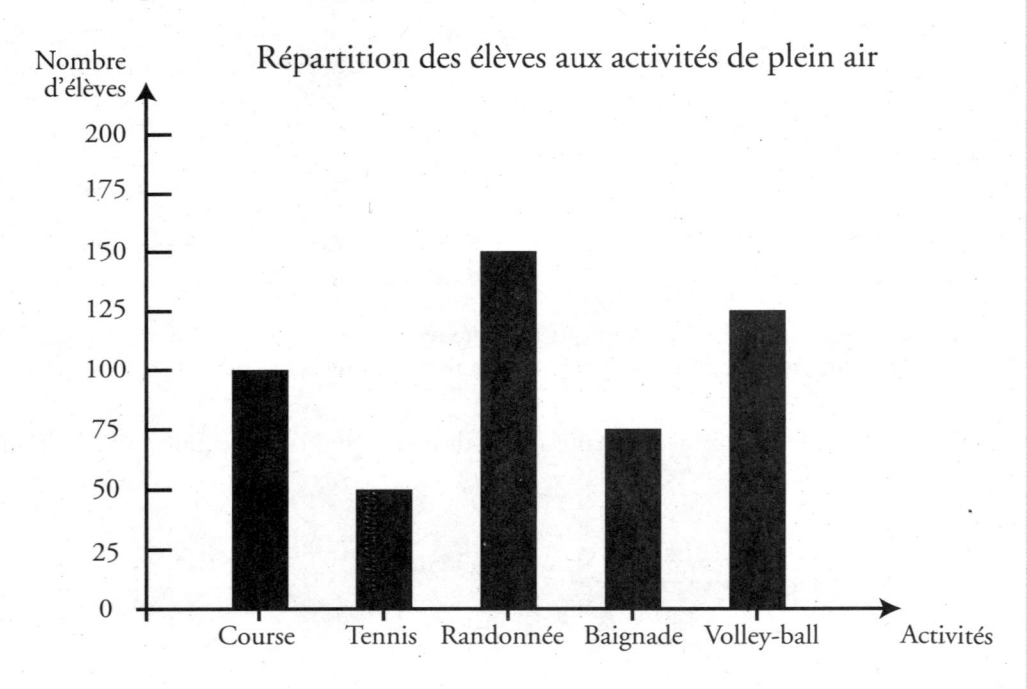

Répartition des élèves aux activités de plein air

Activité	Nombre d'élèves
Course	100
Tennis	50
Randonnée	150
Baignade	75
Volley-ball	125

Si un certain nombre de graduations sont inutiles, on utilise la coupure d'axe afin que les bandes ne soient pas exagérément longues.

1. Ce diagramme à bandes illustre le nombre de repas servis à la cafétéria de l'école pendant une semaine.

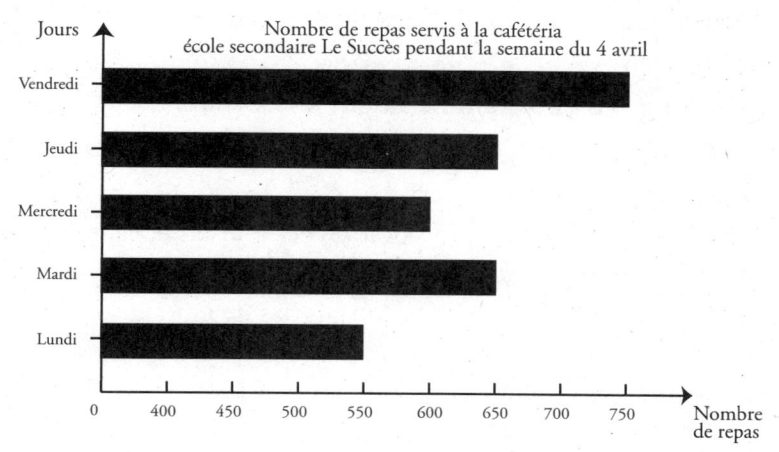

Nombre de repas servis à la cafétéria école secondaire Le Succès pendant la semaine du 4 avril

- Vendredi : 750
- Jeudi : 650
- Mercredi : 600
- Mardi : 650
- Lundi : 550

a) Quel jour a-t-on servi le plus de repas? _____

b) Combien de repas sert-on en moyenne par jour dans cette cafétéria?

2. Voici les âges des membres de l'équipe de natation de l'école.

| 15 | 13 | 12 | 16 | 13 | 15 | 12 | 13 | 15 | 14 | 14 | 12 | 16 | 16 | 13 |
| 14 | 16 | 13 | 15 | 13 | 14 | 15 | 14 | 14 | 16 | 12 | 14 | 16 | 12 | 14 |

a) Compile ces résultats dans un tableau de distribution.

b) Représente ces âges à l'aide d'un diagramme à bandes.

Statistique /149

Diagramme à ligne brisée

▶ On choisit le **diagramme à ligne brisée** pour représenter des situations qui évoluent dans le temps.

▶ Les principaux éléments d'un diagramme à ligne brisée sont :

1) le **titre** ;

2) un **axe horizontal** et un **axe vertical** ;

3) l'**identification** de chacun des axes (on doit préciser, le cas échéant, l'**unité de mesure** employée : $, km, etc.) ;

4) une **graduation** pour chacun des axes, selon un pas de graduation constant ;

5) une **ligne brisée** joignant les points qui représentent les données.

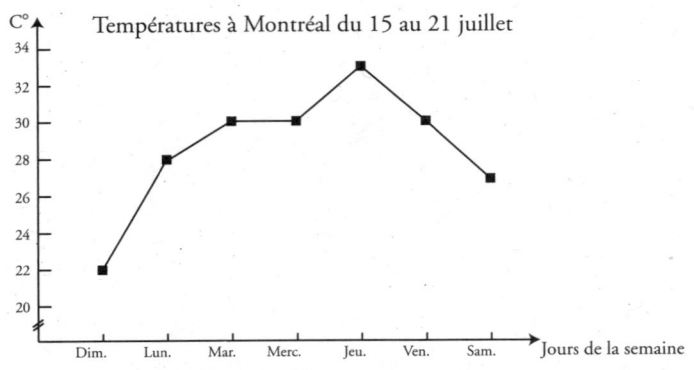

Températures à Montréal du 15 au 21 juillet

Si un certain nombre de graduations sont inutiles, on utilise la coupure d'axe.

1. Un camelot a représenté dans ce diagramme à ligne brisée le nombre de journaux qu'il a livrés pendant les douze mois de l'année précédente.

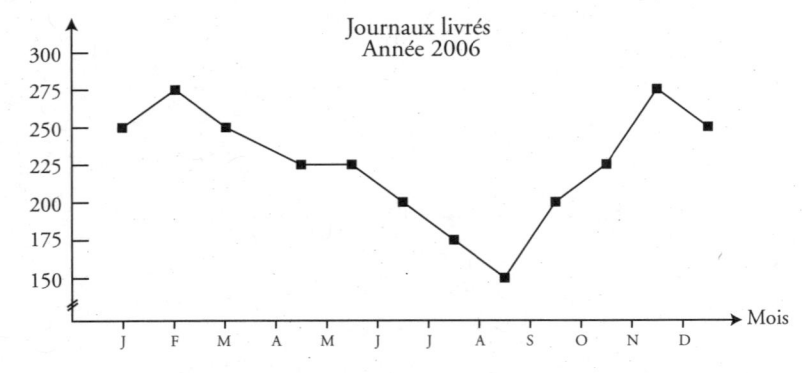

Journaux livrés Année 2006

a) Combien de journaux a-t-il livrés en moyenne chaque mois ? _____

b) Quelle est l'étendue du nombre de journaux livrés ? _____

2. Voici les résultats de Monika aux 9 derniers tests de mathématique.

   72   80   82   68   92   70   78   80   72

a) Représente ces résultats dans un diagramme à ligne brisée.

b) Indique la note qu'elle a obtenue au 10ᵉ examen si sa moyenne finale a été de 77 %.

Démarche :

Réponse : _____